Escrituras Impolíticas.

Anti-representaciones de la comunidad en Juan Rodolfo Wilcock, Osvaldo Lamborghini y Virgilio Piñera

KARINA MILLER

ISBN: 1-930744-66-8
© Serie *Nuevo Siglo*, 2014
INSTITUTO INTERNACIONAL DE
LITERATURA IBEROAMERICANA
Universidad de Pittsburgh
1312 Cathedral of Learning
Pittsburgh, PA 15260
(412) 624-5246 • (412) 624-0829 fax
iili@pitt.edu • www.iilionline.org

Colaboraron en la preparación de este libro:

Composición y diseño gráfico: Erika Arredondo
Correctores: Hernán Medina, Jorge Tapia

Printed and bound by CPI Group (UK) Ltd, Croydon, CR0 4YY

Índice

Agradecimientos 5

Introducción
Escape del antagonismo de los *sixties* 7
    I. Objeto y método 7
    II. Escenas hegemónicas 9
    III. Contextos 16
    IV. Antagonismos 21

CAPÍTULO I

Wilcock en su Isla 37
    I. Estupidez y soledad 37
    II. Metamorfosis 44
    III. Estúpidos Ángeles 56

CAPÍTULO II

Piñera preferiría… 75
    I. Miedo, *parrhesia* y anti-heroísmo 75
    II. El chicle, la canasta y los capuchones 84
    III. Inactividad e improductividad 91
    IV. Aburrimiento 98

CAPÍTULO III

Lamborghini comediante 113
    I. Política y moral 113
    II. Sentimientos desagradables 126
    III. Lengua y "tin-tín" 134

Bibliografía 145

Agradecimientos

Ana María Amar Sánchez ha sido a lo largo del proceso de gestación de este libro una interlocutora invaluable. Por su amistad, su confianza y su apoyo intelectual estoy eternamente agradecida. Agradezco profundamente a mi amiga María Cisterna, con la que comparto años de cotidianas charlas telefónicas sobre el trabajo y sobre la vida y cuya amistad me acompaña en los "upandowns", siempre. Erin Graff-Zivin por sus agudas lecturas y las lentas tardes sandieguinas que pasamos tomando café y escribiendo en Ipe.

Creo fervientemente que el trabajo intelectual no es una actividad solitaria y no puede existir sin el intercambio de ideas y el diálogo constante con los colegas. Tuve la suerte de contar con lecturas y comentarios de colegas y amigos generosos: Luis Avilés, Mariano Siskind, Fernando Degiovanni, Emily Macguire, Natalie Bouzaglio y Jacques Lezra aportaron críticas y sugerencias fundamentales para la maduración y el crecimiento de este libro. A todos ellos: gracias. Agradezco también a Juan Duchesne Winter por su confianza en mi trabajo.

A mis amigos de Buenos Aires: Leticia Schilman y Mariano Mucci que son "my home away from home", Andrea Knight por los millones de años luz y las metamorfosis que compartimos juntas, a Martín Eliano por el tráfico internacional de libros y a María Ucedo por las trasnochadas noches tratando de descifrar (inútilmente) el sentido de la vida.

A mis hijos, Nina y Nolan, por ser los chicos más lindos del mundo.

A Rolo, por tantas, tantas cosas, que no caben en palabras y por su indestructible sentido del humor.

Introducción

Escape del antagonismo de los sixties

> *Politics, before all else, is an intervention in the visible and the sayable.*
> Jacques Rancière, *Dissensus*

> *No sé si figuramos en el libro de los verdugos o de los verdugueados.*
> Osvaldo Lamborghini, *El fiord*

I. Objeto y método

¿Cómo pensar la relación entre lo político y la literatura? ¿Cuál es la importancia de indagar en esta relación en el presente? ¿Cómo se articula una teoría de la soberanía del Estado con la invención literaria? Este trabajo sostiene la necesidad teórica de examinar esta relación, especialmente en contextos en donde lo político –concebido como la diferencia amigo-enemigo– se impone como discurso hegemónico. Propongo explorar escrituras que evaden el paradigma de "compromiso" de los años sesentas y setentas en América Latina para argumentar que la proliferación de afectos y experiencias negativas (soledad, estupidez), sentimientos desagradables (asco, *stuplimity* y violencia sexual) y figuras de negación de la comunidad (metamorfosis, apatía) crean lo que denomino *distopía afectiva*, la cual niega el mito de la comunidad como plenitud y deviene en estrategia de escape de la moralización del antagonismo de lo político. Los "monstruos" solitarios de Wilcock que interrumpen la funcionalidad de la comunidad, los personajes alienados e incapaces de comunicarse y relacionarse con el prójimo de Piñera, los intercambiables "verdugos" y "verdugueados" de Lamborghini son leídos aquí como índices de esta distopía.

Escrituras Impolíticas aborda los textos desde dos líneas teóricas principales: por un lado, la categoría de lo impolítico de Roberto Esposito; y por otro, la perspectiva de Jacques Rancière que identifica a las "políticas de la literatura" como intervención en lo sensible, lo decible y lo inteligible y no así en las filiaciones políticas *explícitas* de los escritores o de los textos. Teniendo en cuenta la articulación de estas dos líneas de lectura, planteo que las escrituras de Wilcock, Lamborghini y Piñera, operan de manera (im)política, término cuyo paréntesis propongo como manera de remarcar que lo impolítico *funciona dentro de los límites de la política* sin por eso responder a las exigencias hegemónicas de lo político como lógica de eliminación del enemigo. No se trata entonces de un trabajo de "despolitización" de la literatura, sino de una redefinición de lo político que no se funda en una operación moralizante, entendida como justificación del exterminio del otro.

En los años sesentas la sobre-politización del campo cultural determinó –y demandó– el compromiso de lo literario, su responsabilidad de intervención política explícita. La paradoja que plantea la literatura comprometida se formula por la exclusión de su potencial literario (su autonomía) a favor de la inclusión de lo político; ésta consiste en que la autonomía literaria debe pre-existir a la decisión del compromiso político con el fin de excluirse ella misma de la ecuación literatura-política. Podríamos afirmar entonces que en estos años –y en el contexto específico en el cual la Revolución representó un horizonte político inevitable– la literatura asumió una responsabilidad política que *equiparó compromiso político con compromiso ético.*

Este libro explora textos que evaden insistentemente la representación de esta responsabilidad, construyendo lo que llamo *distopía afectiva* basada en la proliferación de afectos negativos, de emociones y estados que niegan la comunidad como plenitud y facilitan el escape del antagonismo de lo político hacia formas críticas más ambiguas, pero no por eso menos políticas. Mi propuesta es plantear preguntas que fueron muy difíciles de pensar en un momento en el cual el antagonismo amigo-enemigo parecía ser la única opción ética y política para una crítica emancipadora. No es mi intención revertir este antagonismo ni tampoco someterlo a un escrutinio moral trasladado al presente; me interesa reflexionar –después del colapso de las utopías y la masacre de toda una generación por el terrorismo de Estado– en las posibilidades de una lectura alternativa que aborde la literatura como práctica fuera de moralización de la lógica bélica hegemónica, pero *no por eso excluida* de la política. Esta interrogante puede ser trasladada, quizás, a una más vasta sobre el rol de la literatura después de la caída de las utopías.

Escrituras Impolíticas dialoga indirectamente con una serie de debates y replanteos actuales sobre la lucha armada que en los años sesentas y setentas se presentó como única herramienta política efectiva. Estos debates reexaminan la función de la memoria histórica, la ideología, la voluntad militante y –en un giro reciente en la teoría y en el cine– los afectos como nuevos índices que permiten explorar de manera diferente la validez del concepto de hegemonía y el vínculo entre experiencia personal, testimonio y memoria. En este contexto creo que la literatura (y la cultura en general) es un campo lo suficientemente dinámico para poder ser interrogado de manera diferente y productiva según su contexto de lectura. Sigo entonces el planteo de Borges en "Pierre Menard, autor del Quijote", que postula que las mismas palabras no pueden ser leídas de la misma manera (en este caso) más de treinta años después de haber sido escritas. Las escrituras impolíticas que nos ocupan aquí parecen darnos la clave para esta lectura: manifiestan una distancia crítica con respecto a su propio contexto de producción, y producen un efecto de desfamiliarización que resuena hasta el presente. Propongo entonces explorarlas a partir de la categoría de lo impolítico a la cual le agrego el suplemento de un paréntesis para señalar que lo (im)político participa de manera a la vez crítica y paródica de la lógica de lo político evitando ubicarlo en el terreno de la moral. De esta manera procuro recuperar la distancia afectiva y el extrañamiento político que aparece insistentemente en estos textos con el fin de plantear nuevas posibilidades de lectura, de reflexión y de entendimiento *en el presente*.

II. Escenas Hegemónicas

El 30 de Marzo de 1949 se realizó un Congreso Nacional de Filosofía en la ciudad de Mendoza que contó con la asistencia y el apoyo de pensadores de prestigio nacional e internacional como Carlos Astrada, Karl Jaspers, Benedetto Croce, Martin Heidegger (quien no pudo asistir al congreso pero mandó una nota), José Vasconcelos, Julián Marías, entre otros. El entonces presidente de la nación Juan Domingo Perón clausuró el Congreso con una conferencia que tituló "La Comunidad Organizada" y que formó parte de la plataforma doctrinaria del Movimiento Justicialista. Al término de una extensa recorrida histórica y filosófica que contextualizó su propuesta política, Perón leyó a los presentes:

> Nuestra comunidad tenderá a ser de hombres y no de bestias. Nuestra disciplina tiende a ser conocimiento, busca ser cultura. Nuestra libertad, co-existencia de las libertades que procede de una ética para la que el bien general se halla siempre vivo, presente, indeclinable. El progreso social no debe mendigar ni asesinar, sino realizarse por la conciencia plena de su inexorabilidad. La náusea está desterrada de este mundo, que podrá parecer ideal, pero que es en nosotros un convencimiento de cosa realizable. Esta comunidad que persigue fines espirituales y materiales, que tiende a superarse, que anhela mejorar y ser más justa, más buena y más feliz, en la que el individuo puede realizarse y realizarla simultáneamente, dará al hombre futuro la bienvenida desde su alta torre con la noble convicción de Spinoza: "Sentimos, experimentamos, que somos eternos". (Perón, *La comunidad organizada* 43)[1]

La comunidad organizada se presenta como un paraíso realizado en donde el bien general, el progreso social, lo material y lo espiritual, la felicidad, la justicia y la cultura se conjugan en futuro. La insistencia en los términos "realizarse" y "realizable" buscan apoyar la afirmación de su propia inexorabilidad y la imagen de la "alta torre" desde donde se da la bienvenida al hombre del futuro, y asimismo coronar la sensación de eternidad, de trascendencia, que la ubica a medio camino entre realidad y utopía, entre presente y futuro. Condensa las características de lo que Phillip Wegner llama narración utópica, la cual concibe el presente en términos de futuro como algo incompleto que siempre está por venir

---

[1] En este discurso Perón enuncia la posición del justicialismo con respecto a otros programas políticos y filosóficos (el marxismo, el capitalismo, el cristianismo, etc.). Cuando enuncia "nuestra" comunidad se refiere a la sociedad ideal justicialista y a sus fundamentos morales, como conjunto de valores que sostienen el dogma justicialista. También elabora la idea de la "Tercera Posición" que ubica al Peronismo como punto equidistante del marxismo y el capitalismo.

(xix). En la narrativa de la utopía y en el discurso de la comunidad se articulan ficción y política, creando una "ficción política" en la cual la comunidad constituye un nudo problemático de representación ya que a la vez que construye una idea de plenitud, performativiza también su manera de estar siempre incompleta. Desde arriba, desde "su alta torre", la comunidad organizada (y realizada) dará su bienvenida al "hombre del futuro" y en este acto, que se traduce en un deseo de eternidad y trascendencia, crea al mismo tiempo la paradoja de su condición de posibilidad y de imposibilidad.

El fragmento del discurso de Perón pone en escena el acto hegemónico que funda el mito de la comunidad, su ficción de origen y trascendencia. Me detengo en esta escena porque condensa los temas y los problemas que construyen nuestro *corpus*: la relación entre ficción y política, y más específicamente, la representación de la comunidad como eje problemático de esta articulación. Si, como afirma Ernesto Laclau, "The political operation per excellence is *always* going to be the construction of a 'people'" (ctdo. en Beasley-Murray 46; énfasis en el original), ¿es posible entonces afirmar que la operación impolítica por excelencia radica justamente en su reverso, en la deconstrucción de la comunidad?

Escrituras impolíticas responde a una pregunta principal: ¿Fue posible para la literatura latinoamericana de los años sesentas y setentas escapar de la lógica de lo político como antagonismo amigo-enemigo sin abandonar el terreno de la política? Propongo que sí. El abordaje de los textos del *corpus* desde la categoría de lo impolítico me permite una lectura de aquellas escrituras que en sus diversos contextos de producción, caracterizados por una fuerte retórica política del "nosotros-ellos", elaboraron una estrategia de escape a este antagonismo. Con el término político quiero remarcar una diferencia conceptual entre la política y lo político: el primero refiere al campo empírico en el cual se ejercen las prácticas y las instituciones políticas concretas, mientras lo político pertenece al nivel de lo "ontológico", es decir, la dimensión antagónica que es constitutiva y fundamento de lo social (Mouffé 9). Esta diferencia nos permite indagar en una dimensión de sentido de la literatura que, si bien la relaciona con ciertas prácticas políticas e institucionales, adquiere significación fundamentalmente en su relación con una retórica de lo político como lógica bélica hegemónica.[2]

Me interesa explorar las implicancias éticas de un escape de lo político con el fin de abrir una lectura que pueda también pensar el presente por fuera de las dicotomías moralizantes que trasladan el antagonismo de lo político a la lucha bien vs. mal. Así, este trabajo explora ciertas formas de "anti" representación de la comunidad que se expresan en afectos y experiencias negativas: la violencia, la soledad, el miedo, el asco, la apatía, el aburrimiento y la estupidez, entre otros.[3] Como método de trabajo indago en textos literarios y fragmentos de discursos políticos que se recortan como escenas o "índices"; es decir, algo que es interpretable sin que necesariamente siga un principio fiel de representación con su referente. Charles Pierce da como ejemplos de índices un golpe en la puerta o una explosión tremenda que "indica que algo considerable sucede, aunque no sepamos exactamente cuál es el evento, pero puede esperarse que se conecte con alguna otra experiencia" (50). En este sentido me interesa indagar en fragmentos de discursos del campo político y social, sin buscar una correspondencia directa en el texto literario, sino precisamente como eventos que se conectan con representaciones de experiencias en los textos.

---

[2] Pierre Rosanvallon expande la noción de lo político a "un campo y un trabajo". Rosanvallon aclara: "Como campo, designa un lugar donde se entrelazan los múltiples hilos de la vida de los hombres y las mujeres, aquello que brinda un marco tanto a sus discursos como a sus acciones. Remite al hecho de la existencia de una 'sociedad' que aparece ante los ojos de sus miembros formando una totalidad provista de sentido. En tanto que 'trabajo', lo político califica el proceso por el cual un agrupamiento humano, que no es en sí mismo una simple 'población', toma progresivamente los rasgos de una verdadera comunidad. Una comunidad de una especie constituida por el proceso siempre conflictivo de elaboración de las reglas explícitas o implícitas de lo participable y lo compatible y que dan forma de vida a la *polis*" (16; énfasis en el original).

[3] No es posible definir la estupidez más que como un estado ubicuo: ni afecto, ni emoción, ni sentimiento, es una condición del pensamiento, o la falta de éste, que es al mismo tiempo material (afecta los cuerpos) y abstracto (afecta la razón). Es objeto de diversas disciplinas como la medicina, psicología, literatura, filosofía, política, moral, ética, y la historia. Me interesa la estupidez como "afecto" que "afecta" los cuerpos y que postula una relación entre éstos y el poder, y por extensión entre la ética y política, el presente y la historia, la apatía y la acción.

Esta lectura "indicial" se impone como metodología de lo (im)político, ya que no sólo intenta dar cuenta de un aspecto hegemónico de la literatura sino también y fundamentalmente, de su capacidad y potencial no-hegemónico. De esta manera los índices no nos remiten a una narrativa política inmanente en el objeto literario o, en palabras de Peirce, "no tienen ninguna relación significante con sus objetos" ya que "se refieren a individuos, a unidades singulares, a colecciones de unidades singulares". Lo fundamental en este caso es la capacidad implícita del índice de negar la universalidad de lo concreto, es decir, evadir el poder hegemonizador de la representación.[4] Las escenas de soledad, aburrimiento, asco, miedo, estupidez –entre otras– son índices de la negativa a narrar la política como experiencia totalizadora que apunta a un horizonte político utópico y al mismo tiempo realizable; "fuerza a los ojos de B a volverse a esa dirección" señala Peirce, nos indican precisamente lo (im)político de las escrituras que nos ocupan (60-61).

Mi investigación se inserta, por un lado, en los debates actuales sobre las posibilidades o imposibilidades de la ideología como elemento de cohesión y consenso político, que involucran argumentos a favor de los afectos (v.gr. *Posthegemony*, Jon Beasley-Murray; *El lenguaje de las Emociones: Afecto y Cultura en América Latina* editado por Mabel Moraña e Ignacio Sánchez Prado).[5] Se nutre, además, de propuestas teóricas que exploran la productividad crítica de afectos negativos, explícitamente amorales, que devienen en *locus* de "lucha simbólica", tal como lo señala Sianne Ngai en *Ugly Feelings* (2005).

Por otro lado, este trabajo conversa (aunque muy indirectamente) con un replanteo crítico a la hora de pensar la memoria y la historia; en

---

[4] Agradezco a Jacques Lezra el comentario sobre la relación entre el índice y la negación de la universalidad de la representación.

[5] Para el debate sobre la validez de los argumentos de *Post-Hegemony* véase (entre otros) Yannis Stavrakakis: "Discourse, Affect, *Jouissance*: Psychoanalysis, Political Theory and Artistic Practices", en http://www.sanatvearzu.net/pdf/IJZS-Stavrakakis.pdf; Gastón Gordillo: "Affective Hegemonies", en http://posthegemony.files.wordpress.com/2011/04/gordillo_hegemonies.pdf; Adam Morton: "Importuning Gramsci", en http://adamdavidmorton.com/2013/02/importuning-gramsci/.

especial, la reevaluación de los sucesos políticos relacionados con la lucha armada en los años posteriores a la dictadura de Onganía en Argentina y la militarización de la guerrilla urbana influenciada por la teoría de foco de Ernesto "Che" Guevara. Me refiero a la enorme cantidad de libros, biografías históricas y ensayos publicados recientemente sobre los fundamentos ideológicos de la guerrilla, sus mecanismos de militarización y la relación arte-política, entre los cuales destaco algunos ejemplos de enfoques heterogéneos: *Sobre la violencia revolucionaria* (2009) de Hugo Vezzetti, *Política y/o violencia* (2013) de Pilar Calveiro, *Los orígenes perdidos de la guerrilla en la Argentina* de Gabriel Rot (2010), *Del Di Tella a Tucumán Arde* de Ana Longoni y Mariano Mestman (2002), y a películas y documentales que trabajan el mismo tema desde diferentes perspectivas como *Infancia clandestina* (2011) de Benjamín Ávila, *Machuca* (2004) de Andrés Wood, *Kamchatka* (2002) de Marcelo Piñeyro, *En ausencia* (2002) de Lucía Cedrón, entre otras. A este debate se suma la intensa polémica generada por la carta de Oscar del Barco "No matarás" (*El interpretador* 2004) que plantea las responsabilidades internas de las consecuencias de la violencia en los grupos de resistencia armada.

Teniendo en cuenta este contexto de producción cultural e intelectual, propongo pensar la representación de los afectos, emociones y sentimientos negativos de los textos de nuestro *corpus* como una alternativa que desarma los discursos hegemónicos de lo político como lógica bélica y cuestiona una posición de "compromiso" que impone la jerarquización de la política por sobre la literatura.[6] En las narrativas que considero aquí los afectos representan un suplemento de sentido que escapa a la lógica de lo político; representan un modo de significación que va más allá de un abordaje hegemónico basado en la moralización de antagonismos que –propongo– resulta *ineficaz* para una crítica actual de las producciones ficcionales en América Latina.[7]

---

[6] Me refiero a la noción de compromiso del existencialismo sartreano que tuvo gran influencia en el campo intelectual de los *sixties*. Véase *Nuestros años sesenta. La formación de la nueva izquierda intelectual argentina* de Oscar Terán.

[7] Para la relación política-afectos véase la introducción del volumen *Política de los afectos y emociones en producciones culturales de América Latina*, editado por María Cisterna y Karina Miller, de próxima aparición en la *Revista Iberoamericana*.

Mi análisis no se plantea ni ser exhaustivo con una época ni se propone encontrar características comunes para clasificar a las escrituras que nos ocupan; se interesa más bien en el funcionamiento de ciertos mecanismos y estrategias de representación de la comunidad en las escrituras de Juan Rodolfo Wilcock, Osvaldo Lamborghini y Virgilio Piñera y en cómo éstos funcionan con respecto a la lógica antagónica de lo político concebida por Carl Schmitt. Es por eso que las escrituras que nos ocupan, si bien adquieren especificidad de sus condiciones políticas de producción, operan a su vez como "maneras de redistribución de lo perceptible" –tomo aquí prestada aquí la idea de Jacques Rancière– que conciben la dimensión política de la literatura como modo de intervención que vuelve relevantes ciertos objetos, sujetos y maneras de hacer inteligible el mundo.[8] Desde la perspectiva del pensador francés una "política de la literatura" no se constituye en el compromiso político (ni del escritor ni de la escritura), sino en la manera que tiene la literatura de relacionar las prácticas, sus formas de visibilidad o "decibilidad" y los modos de inteligibilidad que éstas suponen. Es decir, las "políticas de la literatura" hacen posible una nueva relación entre lo visible y lo decible, poniendo de relieve sujetos y espacios políticos que permanecían ocultos o en silencio.

Mi lectura, entonces, indaga de qué manera estas escrituras eluden, por un lado, las exigencias que requerían de la literatura un compromiso político traducido en una toma de posición frente al antagonismo nosotros-ellos; y por otro, postula que éstas escapan a esta lógica bélica *sin abandonar el terreno de la política*, "redistribuyendo lo perceptible", haciendo aparecer otros sujetos y objetos de la política en la representación insistente de afectos negativos y en la "anti" representación de la comunidad.

---

[8] Para Rancière: "[…] it is possible to theorize about the politics of literature 'as such', its mode of intervention in the carving up of objects that form a common world, the subjects that people the world and the powers they have to see it, name it and act upon it" (*The Politics of Literature* 7).

III. Contextos

El amplio espectro cronológico e histórico de producción de los textos analizados aquí va desde los años cincuenta (Wilcock y Piñera) a los ochenta, en los cuales Lamborghini escribió sus últimos trabajos.[9] En esta segunda parte del siglo XX el mundo occidental, ya sacudido por dos guerras mundiales y por el horror del nazismo, se vio amenazado por el "nuevo enemigo" del comunismo y, como lo nota Susan Buck-Morss, por el binarismo discursivo totalitarismo vs. democracia de la Guerra fría (xiii). Lo que Eric Hobsbawm denomina "The Short Twentieth Century" (el período que va desde la primera guerra mundial hasta el colapso de la U.R.S.S) fue en Latinoamérica una época marcada por la Revolución Cubana y las sucesivas dictaduras militares que hicieron del terrorismo de Estado su política corriente (5). Podríamos denominar, tomando prestada la expresión de Hobsbawm, al período de producción de los textos del *corpus* como un "sándwich histórico" que abarca el primer Peronismo, la Revolución Cubana, y culmina en la dictadura militar del '76 al '83 en la Argentina.[10]

Es necesario aclarar que no se trata de asimilar estos tres momentos políticos tan diferentes en sus variedades ideológicas, históricas y sus diferentes políticas de Estado. Cada uno de estos tres escritores, sin embargo, cristaliza un modelo, una figura que condensa lugares de referencia de la historia y la cultura de Latinoamérica: la figura del escritor de *elite* cosmopolita (y antiperonista) exiliado en Wilcock, la del homosexual autoexiliado en su propio país y crítico de la revolución en

---

[9] Wilcock publicaba ya en los años 40 poesía neorromántica, que no será el objeto de estudio de este libro.

[10] En la lectura de Hobsbawm, "In this book the structure of the Short Twentieth Century appears like a sort of triptych or historical sandwich. An Age of Catastrophe from 1914 to the aftermath of the Second World War was followed by some twenty-five or thirty years of extraordinary economic growth and social transformation [...]" (6). De la misma manera, en nuestro *corpus* el primer Peronismo, la Revolución Cubana y la dictadura argentina del '76 podría considerarse un tríptico histórico, aunque en absoluto asimilable en sus diferencias ideológicas y sus circunstancias políticas particulares, pero sí como puntos de referencia para leer el cruce entre literatura y política.

Piñera, y la del marginal, provocador y maldito en Lamborghini.[11] Cada uno de ellos representa, además, lugares comunes que, como analiza Silvia Kurlat Ares en la figura del escritor ficcional Balbastro, son núcleos de referencia centrales en la narrativa latinoamericana desde los años cincuenta, y permiten, por lo tanto, articular diversos campos de análisis: intelectual, social, cultural, político.[12] En sus irreductibles diferencias, las obras del *corpus* tienen en común, por un lado, la importancia de la articulación entre literatura y política; y por el otro, la reelaboración del binarismo discursivo y su reproducción irónica en sus versiones locales y universales de civilización/barbarie, Peronismo/Anti-Peronismo y político/ antipolítico hasta la exasperación, que los hace insostenibles.[13]

El lapso desde fines de los cincuenta a los ochenta ha sido, además, testigo del debate de los nuevos sujetos revolucionarios, así como de la voluntad de politización cultural y de transformación de la sociedad, en que la "cultura y la política en el continente hallaban finalmente ese estado inaugural" (Gilman 29-30). Este período concentra dos características fundamentales en la formación de un canon latinoamericano: por un lado, el protagonismo del escritor (y de la idea, o más bien el ideal) de Latinoamérica como objeto de debates y "lugar de enunciación y práctica para el intelectual comprometido" (78) que se materializó, entre otras cosas, en una red de revistas y de prestigiosos premios literarios.[14] El escritor,

---

[11] En esta simplificación los "tipos" de estos escritores apuntan a la conexión con su contexto político. Por ejemplo, la mención a la homosexualidad de Piñera se enfoca en su relevancia política en la Cuba revolucionaria. De la misma manera que la sexualidad de Wilcock no resulta relevante para este análisis, en Lamborghini la sexualidad constituye un significante fundamental de su escritura que toma nuevos sentidos si es leída desde de su contexto político de producción, y por lo tanto, es un índice a considerar desde esta perspectiva de lectura.

[12] "Justamente, José Máximo Balbastro pudo ser reconocido y aceptado porque condensaba todas las operaciones de la intelectualidad argentina". Kurlat-Ares se refiere al escritor inventado por Jorge Dorio y Martín Caparrós a mediados de los ochenta en el programa "El monitor argentino" (15).

[13] Para Kurlat-Ares tres fueron también los eventos que marcaron el clima político-cultural de la Argentina desde fines de los años cincuenta: la Revolución Cubana de 1959, el golpe de Estado contra Perón del '55 y la publicación de la revista *Contorno* (1953-1959), opuesta a la posición ideológica de la revista *Sur* (221).

[14] Gilman trabaja los años sesenta y setenta pero debemos aclarar que 1959, año de la Revolución Cubana, entraría también en el análisis de los 60. Wilcock publica sus relatos en esa época: *El caos*

convertido ya en la figura del intelectual, sufrió una transformación gradual dada por su creciente rol crítico en los medios de comunicación y la importancia y visibilidad de su opinión respecto al clima político-cultural de la época. Por otro lado, la polémica sobre la función de la literatura, materializada en la dicotomía estética-revolución, se reflejó en una marcada tendencia anti-intelectual (en su alternativa revolucionario-burgués); esta dicotomía se extendió también a las discusiones sobre los valores estéticos de los diversos géneros literarios (Gilman 308). La discusión sobre las cualidades revolucionarias del realismo así como la oposición vanguardia "decadente" vs. literatura de compromiso social puso de relieve la pregunta por el papel del intelectual como agente de acción política o de experimentación estética (331).

Me interesa remarcar cómo la coyuntura histórico-política del *corpus* (en Latinoamérica y en el mundo) está atravesada por discursos que se organizan en torno a dicotomías ideológicas que ponen en escena el rol del escritor y la literatura en relación a la realidad social. En este sentido, la literatura no permanece ajena al clima político que organiza la sociedad en polos opuestos. Sin embargo, en las escrituras que analizamos aquí aparece una constante paradójica: la negación a sostener la dicotomía nosotros/ellos, o su alternativa amigo/enemigo. Por lo tanto, se vuelve imperativo explorar las estrategias discursivas que se despliegan con el propósito de escapar a esta dicotomía y, en particular, estudiar de qué manera la negación de la representación de la comunidad como plenitud (aglutinadora y productora de identidades e identificaciones) se impone como una metáfora a la negación de lo político como escenario de combate y exterminio del enemigo.[15]

En el contexto posterior a la Revolución Cubana, la política proveyó especificidad a lo artístico y determinó los usos políticos de lo literario,

---

en italiano en 1960 (editorial Bompiani), en español en 1974 (Sudamericana), *El estereoscopio de los solitarios* y *La sinagoga de los iconoclastas* en 1972 (Adelphi).

[15] Me refiero a la idea de plenitud que maneja Laclau en *La razón populista*: "[...] la identidad popular expresa/constituye –a través de demandas insatisfechas– la plenitud de la comunidad que es negada, y como tal, permanece inalcanzable; una plenitud vacía, si se quiere" (137).

o bien como lugar de lucha o como terreno pedagógico o formativo. La lógica que jerarquiza lo político y la política frente a la literatura está naturalizada, incluso, en lecturas contemporáneas de los textos de estos años, como si a pesar de la experiencia que permite evaluar *a posteriori* las imposibilidades de la literatura frente a las exigencias de la política, se continuara con cierto imaginario moral que ubica a lo político en el lugar de lo ético. Desde esta perspectiva, la literatura latinoamericana del período encuentra su efectividad en su función ideológica que se traduce en variantes a favor o en contra, de vanguardia o realista, burguesa o proletaria, comprometida o apolítica. De cierta manera, esta lectura se extiende a la idea de una necesidad de formación de consciencia de la identidad latinoamericana en sí. Es decir, contribuye a la continuación de un discurso basado en la necesidad inmanente de la existencia (y la comprobación de esa existencia) de una identidad común, realizada *en* y *por* la intersección de literatura y política, que continúa aún en el presente en algunas tendencias del campo de estudios latinoamericanista. Esta perspectiva crítica se construye para darle coherencia a un concepto inmanentista del objeto y el campo de estudio "cultura latinoamericana", arraigado tradicionalmente en una estructura antagónica (especialmente el binomio subalterno-hegemónico) que se nutre de la misma lógica de lo político que este trabajo intenta desarmar mediante un enfoque que podríamos llamar "indicial"-impolítico, el cual busca menos narraciones identitarias o propuestas totalizadoras que indicios, escenas, representaciones insistentes que se conecten con experiencias significantes o con preguntas posibles.[16]

---

[16] En este sentido debo señalar que hay una variedad de trabajos que se desvían de la línea antagonística que podríamos identificar genéricamente como dominados-dominantes del Latinoamericanismo (otros binarismos incluidos en éste serían subalternidad-hegemonía; identidad-diferencia; hegemonía-posthegemonía o ideología-afectos). Algunos ejemplos (no exhaustivos) de estas otras perspectivas son: *Instrucciones para la derrota. Narrativas éticas y políticas de perdedores* (Anthropos, 2010), de Ana María Amar Sánchez, que analiza la figura del perdedor y "la apuesta a la derrota" como posición ética en novelas latinoamericanas y españolas. *Exilio en el espacio literario argentino de la posdictadura* (Támesis, 2013), de María Inés Cisterna Gold, que re-examina la experiencia del exilio como "parte integral del marco simbólico que constituye al sujeto, más que como lugar de resistencia desde el cual se lucha en contra de discursos hegemónicos" (6). *Cosmopolitan Desires: Global Modernity and World Literature in*

La determinación de lo político, que desde el siglo XIX comienza a organizarse en antagonismos discursivos particulares o nacionales, toma un cariz utópico en los sesentas con la posibilidad de Latinoamérica socialista, el "hombre nuevo" como protagonista y resultado de esa utopía y la consiguiente apropiación del futuro como correlato de la universalización de la ideología de la Revolución Cubana. Con la Revolución, entonces, Latinoamérica entra en el orden mundial como amenaza y como promesa de un nuevo protagonismo histórico. Pero además reorganiza el imaginario de lo político nombrando al imperialismo (que ya había sido figurado por José Martí y otros) como amenaza y, por lo tanto, organizando este antagonismo menos por un eje geográfico que ideológico.[17] En este orden de cosas, la idea de Latinoamérica y la idea de la Revolución son inseparables. Latinoamérica se constituye en el antagonismo de lo político como un "nosotros" universal. Esta operación es la clave de un discurso hegemónico que se desborda y determina la esfera de la cultura, a la cual le exige un compromiso de continuidad y legitimación.

Sin embargo, las escrituras de nuestro *corpus* trabajan con el absurdo y el exceso del antagonismo de lo político y con la imposibilidad de su representación. La categoría de lo impolítico como abordaje teórico abre una relectura crítica de los supuestos ideológicos hegemónicos de esos años y explora la reelaboración de estos supuestos en la literatura. Ésta conceptualización me permite, además, descartar la caracterización de estas escrituras como anti-políticas o apolíticas ya que, como aclara Esposito, lo "anti" coincide con la política no como su contrario, sino como su

---

Latin America (Northwestern University, 2014) de Mariano Siskind, que aporta una mirada productiva con su propuesta que se desvía del concepto de hegemonía incorporado por la crítica literaria tradicional; vale la pena citar a Siskind: "The ideas of coercion and consent embedded in the concept of hegemony presuppose and active agency on the part of peripheral cultures in the enterprise of universalizing the novel. [...] In other words, the globalization of modernity and its institutions in the nineteenth century implied both the threat of (neo) colonial oppression and the promise of emancipation." (33)

[17] Claudia Gilman señala: "La fundación deliberada de un nuevo marco de relevancia geopolítica se tradujo en la referencia continental como espacio de pertenencia de los intelectuales latinoamericanos. Este latinoamericanismo se insertaba, además, dentro de una solidaridad tercermundista. Este recorte del mundo de pertenencia buscó unir la cultura y la política en un concepto superador de fronteras las nacionales [...]" (27).

"imagen invertida" porque opera en su misma modalidad antagónica: "la contraposición, el contraste, la enemistad –que caracteriza en forma primordial a la política" (*Categorías de lo Impolítico* 12).

De la misma manera, nuestro *corpus* tampoco puede ser definido como apolítico porque si bien el conflicto político es representado de manera más o menos indirecta, paródica e irónica, no es por eso neutralizado en lo que Esposito señala como: "neutralización política del conflicto: política de la neutralización" (14), es decir, el conflicto no se neutraliza, sino más bien se re-semantiza. Lo impolítico limita la trascendencia de la política sin negarla, afirmando que "no hay otra política que la política" (15) y, por lo tanto, que ésta no puede trascenderse en un fin, en un destino, en una utopía. Como consecuencia las escrituras impolíticas niegan la correspondencia entre bien y poder, evadiendo también así la conjunción entre teología y política. De esta manera, la categoría de lo impolítico nos permite hacer ciertas preguntas que la lógica de lo político excluye: ya no se trata solamente de identificar la diferencia nosotros-ellos, sino de cuestionar la figura del enemigo –siempre disponible, siempre maleable– en sí misma, como estructura y aparato de exterminio real o simbólico.

IV. Antagonismos

How does a question come to be considered philosophical or political or social or aesthetic?
Jacques Rancière

En el primer discurso que dio Fidel Castro al llegar a la Habana el 8 de enero de 1959, dice al pueblo:

> La Revolución tiene ya enfrente un ejército de zafarrancho de combate. ¿Quiénes pueden ser hoy o en lo adelante los enemigos de la Revolución? ¿Quiénes pueden ser ante este pueblo victorioso, en lo adelante, los enemigos de la Revolución? Los peores enemigos que en lo adelante pueda tener la Revolución Cubana somos los propios revolucionarios.
>
> Es lo que siempre les decía yo a los combatientes rebeldes: cuando no tengamos delante al enemigo, cuando la guerra haya concluido, los únicos enemigos de la Revolución podemos ser nosotros mismos, y por eso decía siempre, y digo,

que con el soldado rebelde seremos más rigurosos que con nadie, que con el soldado rebelde seremos más exigentes que con nadie, porque de ellos dependerá que la Revolución triunfe o fracase. (Castro, "Discurso")

El triunfo de la revolución conlleva entonces a una paradoja: se gana un pueblo, se pierde un enemigo; pero ese lugar vacío debe ser ocupado para que la revolución se consolide.[18] "¿Quiénes pueden ser ante este pueblo victorioso, en lo adelante, los enemigos de la Revolución?", pregunta Fidel al pueblo y en esa misma pregunta se constituye el pueblo, la soberanía del Estado y el enemigo común.

Según Carl Schmitt la identificación del enemigo es el acto soberano por excelencia, el acto que además define lo político.[19] El nombrar al enemigo común es el hecho mismo que construye lo colectivo. Por lo tanto, cualquier suceso que desafíe la legitimación de la soberanía puede ser definido como una situación de guerra: la paradoja es que la soberanía democrática se arroga la facultad de legitimar el ejercicio no democrático del poder, es decir, la violencia de Estado. La construcción de lo "colectivo", que aquí llamaremos también comunidad, está determinado entonces por esta posibilidad.

La comunidad no es un ente natural ni espontáneo. Su construcción depende de una retórica discursiva; se constituye también en el lenguaje. En esta línea de pensamiento, la noción post-gramsciana de hegemonía de Laclau y Mouffe plantea una reformulación de la articulación entre lo universal y lo particular en la cual la universalidad es un horizonte vacío que no puede convertirse en un fundamento positivo (Critchley y Marchart 24). Me interesa especialmente la noción de lo universal como lugar vacío para abordar la representación de la comunidad en estos textos, porque justamente, éstos niegan o bloquean la lógica de la encarnación en la cual un particular se atribuye la representación de lo universal. La negación de la lógica de la equivalencia se da en estos textos por la ironía y

---

[18] Más adelante en el capítulo II trabajaremos con la retórica enunciativa del enemigo que Fidel construye en la pregunta ¿quién?

[19] Susan Buck-Morss toma la definición de lo político de Schmitt y afirma: "To define the enemy is, simultaneously, to define the collective. Indeed *defining the enemy is the act that brings the collective into being*" (9; énfasis del original).

la parodia del sinsentido del discurso político. Así lo expresa el funcionario del cuento de Wilcock "Felicidad" (cuyo título denota una percepción irónica de lo político):

> Nada de sentimentalismos, por favor, después de todo, si ha accedido a colaborar con nosotros en una de las páginas de la historia más hermosas, más fervorosas de la Provincia, no es el momento de personalizar sentimientos tan universales como el patriotismo. [...] Frente a la majestad de una Nación, ¿qué es, qué vale la masa anónima que la compone? Cero, ni más ni menos que cero. (105)

Aquí la Patria, el patriotismo, la majestad de una Nación, la masa anónima e incluso la historia se ridiculizan y se vuelven absurdos en la fiesta carnavalesca que sacrifica en la hoguera al "Opositor" del Partido, designado especialmente para que, justamente, exista una oposición ya que todos los opositores han sido exterminados. En Wilcock (como en Lamborghini y Piñera), la estupidez es siempre política y, por lo tanto, opera como mecanismo de desarme de su "encantamiento", de su pretensión de trascendencia.

¿Puede la literatura, entonces, subvertir la retórica política hegemónica desde un lugar no hegemónico? La literatura de los años sesenta y setenta se encontró acorralada por la política, en una encrucijada que determinó su función en el compromiso y en la exigencia de intervención en el campo social como campo de batalla con la consecuente pérdida de autonomía estética. Como resultado, el peso de una responsabilidad "de obra" creó una tendencia a la "ultrapolitización" que produjo las figuras del intelectual comprometido y del "intelectual armado".[20] Sin embargo, las escrituras impolíticas de nuestro *corpus* evaden la responsabilidad de la obra, insisten en la proliferación de afectos negativos e improductivos y niegan la correspondencia entre bien y poder.

Como anota Esposito en *Confines de lo político*: "La literatura es la única realidad capaz de huir de la obra, de lo productivo, de lo político, la única actividad realmente *impolítica* en la medida que se encuentra

---

[20] Debo este término a un ensayo presentado por Teresa Basile en el Simposio sobre "Literatura y violencia en América Latina" en la Universidad de California, Irivine en mayo de 2013.

bajo la asechanza de una irrealidad constitutiva" (113). Aquí Esposito alude al humanismo marxista en el cual el hombre se constituye como tal por medio del trabajo y a la idea de la "comunidad desobrada" de Nancy. El ensayo de Nancy comienza con la negación de la utopía marxista, afirmando el desencanto de su fracaso: "El más importante y más penoso testimonio del mundo moderno [...] es el testimonio de la disolución, de la dislocación, o de la conflagración de la comunidad" (Nancy 13), y esto se basa precisamente en la imposibilidad de alguna "intimidad comunional", o de la transfiguración de sus muertos en "alguna sustancia o en cualquier tipo de sujeto –patria, tierra, o sangre natal, nación, humanidad emancipada o realizada, falansterio absoluto, o cuerpo místico. Está consignada a la muerte como aquello de lo que es, precisamente imposible *hacer obra* [...]" (Nancy 35).

Como señala Jacques Lezra:

> [...] totality does not even figure as an analytic device in thought that might lead to the unwrought community. Thus the need for achieving a community of interests – the instruments, if you will, for grasping it – are not reflexively or necessarily related to that community. (135)

En este sentido, no puede haber una esencia, una inmanencia de la comunidad (o la comunidad como inmanencia), ya que no hay un ser común, objetivable y producible, sino que ésta tiene lugar en el "desobramiento", que es siempre y activamente "inacabada" y sólo tiene en "común" un mito. Nancy marca la relación entre mito y poder, y más específicamente con el "Volk" y el "Reich" en el sentido que le dio el nazismo y afirma que "No volveremos a la humanidad mítica de la escena primitiva, como tampoco volveremos a encontrar lo que pudiera significar la "humanidad" antes del mito ario" (88), porque aquí es precisamente en donde se vuelve necesario el desmantelamiento y la interrupción del mito. El mito constituye una ficción, y si, como afirma Nancy, "no puede haber comunidad fuera del mito" (109), no puede haber tampoco comunidad fuera de la ficción.[21]

---

[21] Nancy afirma que: "El propio romanticismo podría ser definido como la invención del mito fundador, como la conciencia simultánea de la pérdida del poder de ese mito y como deseo

¿Pueden las ficciones de nuestro *corpus* interrumpir el discurso del mito de la comunidad? Propongo leer estas narrativas como anti-representaciones de la comunidad que interrumpen su mito por medio de la sistemática exageración, parodia y "absurdización" de la lógica bélica de lo político. Los tres escritores que analiza este trabajo han sido caracterizados como "marginales", "menores" (en el sentido de una "literatura menor" como Deleuze identifica a la literatura de Kafka, y que es retomado por Adriana Astutti en *Andares Clancos* para abordar la escritura de Osvaldo Lamborghini; o que en todo caso sólo recientemente han sido recuperados por la crítica. Sus trabajos mantienen con la política una relación que admite una variedad de matices: indirecta la de Piñera, irónica la de Wilcock, provocadora la de Lamborghini. Lo que me interesa explorar aquí específicamente es la relación de estas escrituras con lo *político* según la definición de Schmitt y su relación con la idea de comunidad.

El cruce teórico entre el antagonismo amigo-enemigo y la comunidad nos sirve para demarcar una zona en la cual el lenguaje opera como herramienta de resistencia crítica. Es necesario, entonces, prestar atención a las estrategias literarias de estas escrituras y a sus mecanismos de desmantelamiento de los discursos hegemónicos. Como método de trabajo propongo poner entre paréntesis las filiaciones políticas o las posiciones explícitas o implícitas de estos autores en contra de una determinada ideología política, sin por esto negarlo en absoluto, sino con la intención, casi fenomenológica, de "dejar que aparezcan" –por así decirlo– otras lecturas posibles. Las filiaciones o adherencias políticas e ideológicas de los autores y de los textos serán reconocidas y puestas en suspenso, aunque en este caso no con la intención de buscar una esencia pura e inherente a éstos, sino, por el contrario, de permitir una lectura que tenga en cuenta tanto los contextos originales de producción como sus posibilidades de interpretación en el presente, es decir, mi lectura indaga en su relevancia política contemporánea.

---

de la voluntad de reencontrar este poder vivo del origen [...], la nostalgia poético-etnológica de una primera humanidad *mitante*, y la voluntad de regenerar la vieja humanidad europea por la resurrección de sus más antiguos mitos, y por su *ardiente puesta en escena*: me refiero naturalmente al mito nazi." (*La comunidad* desobrada 87-88; énfasis en el original).

Las preguntas por las implicancias éticas de mi análisis apuntan necesariamente a las representaciones de lo político y de la idea de "compromiso" que estas escrituras evaden: ¿Cómo interpretar la sistemática negación de la vida en comunidad y la representación de una violencia desbordada e irónica hacia el otro? ¿Qué lecturas éticas son posibles ante la "absurdización" de la dicotomía nosotros-ellos que caracteriza lo político? ¿En qué clave política leer la parodia de la retórica de los discursos hegemónicos que circulan en estos textos? ¿Cómo interpretar la insistencia en los afectos negativos como experiencia de la vida en comunidad?

La categoría de lo impolítico nos proporciona el acceso a estos interrogantes y, espero, a algunas de sus repuestas. Lo fundamental de este abordaje es la posibilidad de cuestionar ciertos supuestos hegemónicos de los años sesentas y setentas de manera crítica, sin incurrir en la "despolitización" o subestimación de los valores que marcaron la esfera cultural y artística con el sello del compromiso político. Lo impolítico nos facilita la distancia necesaria para cuestionar la articulación entre violencia, compromiso, literatura y política; distancia a la vez ideológica y afectiva, que está siempre en peligro de ser obstaculizada por el mismo paradigma bélico que cuestiona: el antagonismo "amigo-enemigo". Es por eso que la categoría de lo (im)político como abordaje teórico de estos textos representa un esfuerzo crítico por eludir la despolitización, la "sobrepolitización" de la exigencia del compromiso social, y la "ultrapolitización" de una posición de combate de la literatura de la época. De esta manera, como he señalado anteriormente, usaré el paréntesis que a la vez une y separa lo impolítico de lo político, cuando sea necesario, para remarcar la paradoja de este término, su ubicuidad y ambigüedad con respecto a la política y a la literatura.

Lo impolítico, como afirma Esposito, interviene facilitando la percepción de la finitud de la política: "La política no siempre tiene consciencia de su propia finitud constitutiva. Está constitutivamente llevada a olvidarla. Lo impolítico no hace otra cosa que 'recordársela'" (*Categorías de lo impolítico* 14). Lo impolítico, entonces, afirma que la política no puede trascenderse a sí misma. Es decir, insiste en que la política tiene un "fin" en el doble sentido de que es finita (limitada) y tiene un objetivo, y por lo tanto, no puede ser "teologizada". Esta insistencia en la imposibilidad de trascendencia de la política no se traduce sin embargo en una propuesta, en una utopía, en una nueva valoración de la política. "Lo impolítico es crítica del encantamiento" (35), anota Esposito, y es precisamente en este punto en el cual mi lectura alinea los textos del *corpus*: en una crítica (pero una crítica impolítica, es decir, sin propuesta, sin discurso utópico) al encantamiento de la política que determinó la literatura latinoamericana de los años sesentas y setentas.

Este "encantamiento" de la política se tradujo en un imperativo de autoconsciencia que produjo una serie de debates en torno a la función de la literatura en la Revolución. En el volumen *El intelectual y la sociedad* publicado por la editorial Siglo XXI en 1969, que reúne ensayos de Roque Dalton, René Depestre, Edmundo Desnoes, Roberto Fernández Retamar, Ambrosio Fornet y Carlos María Gutiérrez, se plasma este imperativo y se lo extiende más allá de la realidad Cubana, a la latinoamericana. Roque Dalton escribe:

> Creo, y si estas palabras van a aparecer impresas alguna vez yo pediría que se subrayaran suficientemente, *que la inserción lógica del intelectual de la revolución está dentro de esa labor que hay que cubrir para hacer aprehensible el paso de la actividad del constructor del socialismo a la conciencia lúcida sobre sí mismo. Se trata* (perdón por la redundancia) *de una "labor elaborativa", básica para que el proceso de actividad-consciencia tenga una continuidad siempre ascendente en la confrontación con la realidad en transformación.* (19-20; énfasis en el original)[22]

Un año después Siglo XXI publica *Literatura en la revolución y revolución en la literatura* en donde Julio Cortázar y Mario Vargas Llosa responden al artículo "Encrucijada del lenguaje" del escritor colombiano Oscar Collazos (publicado originalmente en la revista uruguaya *Marcha*).

---

[22] En el capítulo tres reproducimos una encuesta hecha a Piñera en *La Gaceta de Cuba*, n°85, agosto / septiembre 1970. A la pregunta "¿Cómo definiría usted su obra?" Piñera responde: "En el sentido de la escritura, una *labor acumulativa*. Es cuestión de ir acomodando palabras, las que, según el acierto o desacierto, darán o no la obra literaria" (énfasis mío). Esta "labor acumulativa" ironiza ciertamente a la concepción de "labor elaborativa" de Dalton.

Collazos proclama "la comunión íntima de la realidad con el producto literario" y afirma:

> Cuando una sociedad está en vías de construcción (enfrentada a todas las amenazas de un enemigo real, enfrentada todavía a una vieja mentalidad liberal heredada del orden anterior) el significado de las palabras se hace equívoco, los esquemas se destrozan [...]. En una revolución se es escritor pero también se es revolucionario. (37)

Tanto la "labor elaborativa" que debe asumir el intelectual, como la "comunión con la realidad" que debe asumir la literatura son fundamentos ideológicos que constituyen la figura del compromiso como correspondencia entre ética y política; la desconfianza en las palabras se funda en su imposibilidad intrínseca de *transformar* la realidad y de darle sentido, como señala Dalton, a la Revolución.

Las escrituras (im)políticas, sin embargo, comparten como característica común la negación de toda relación entre bien y poder.[23] El poder como representación del bien y la comunidad como metáfora de la plenitud del bien realizado es una distopía en los textos de nuestro *corpus*. Es más: ellos insisten en la violencia, en el "terreno del terror", lo que Buck-Morss llama el "punto ciego" en el cual el poder está más allá de la ley.[24] Relatos como "La fiesta de los enanos" de Wilcock, o "El niño proletario" y *El fiord* de Lamborghini, construyen la figura del enemigo político como punto de conflicto que personifica lo que la pensadora norteamericana designa como "the absolute political enemy" que amenaza la existencia de lo colectivo, "because it challenges the very notion by which the identity of the collective has been formed. The absolute enemy becomes symbolic of absolute evil, against which no mercy is possible" (Buck-Morss 34). Estos relatos, que ponen en escena la

---

[23] En la lectura de Esposito: "Si existe un punto de evidente convergencia entre los distintos autores impolíticos, por lo menos a partir de Benjamin, está constituido justamente por la negación de *cualquier* tipo de conjunción –inmediata, postergada, providencial– entre bien y poder. El poder no es una representación y tampoco una emanación del bien, y mucho menos un mecanismo dialéctico capaz de extraerlo del mal, de traducir el mal en bien" (*Categorías de lo Impolítico* 15).

[24] Para Buck-Morss, "Modern sovereignties harbor a blind spot, a zone in which power is above the law and thus, at least potentially, a terrain of terror" (3).

violencia despiadada y grotesca de la tortura y la exterminación del otro siempre desde el tono sarcástico y de humor negro, cuestionan de manera irónica los presupuestos bélicos en los cuales se basa lo político. Ironizan (exagerándola grotescamente) la violencia constitutiva de la política propia de los años sesentas y setentas. Es por eso que es imposible leer al sobrino del interior, torturado por los enanos del cuento "La fiesta de los enanos" de Wilcock, o a ¡Estropeado!, violado y asesinado por los niños burgueses del relato "El niño proletario" de Lamborghini, como un enemigo "real" o "realista" (o sea, parte de una estética verosímil). Esta imposibilidad, consecuentemente, crea el alejamiento necesario para poner en cuestión no sólo la jerarquía implícita en el antagonismo, sino el antagonismo en sí, como otro modo de abordar lo político. La representación del enemigo absoluto en tono irónico parodia la operación hegemónica de lo político como identificación y exterminación del otro.

Es desde esta perspectiva que analizo las estrategias de anti-representación de la comunidad de nuestros textos: la soledad profunda de la metamorfosis y el viaje, la abyección exagerada y violenta hacia el otro, el rechazo que producen en el lector los sentimientos desagradables. Estas representan maneras de escapar a la figura del enemigo como abstracción, como posibilidad siempre disponible, como significante vacío. La violencia extrema e irónica hacia un "enemigo absoluto" funciona de manera contraria a la de las ficciones naturalistas del siglo XIX en la cual lo desagradable, lo monstruoso y lo patológico, como lo nota Luz Horne en su libro *Literaturas Reales*, "se inserta en un programa moral y en una utopía científica de saneamiento social" (30). Horne toma como ejemplo un pasaje de *Ficciones Somáticas* de Gabriela Nouzeilles que explica cómo estas ficciones representan una función disciplinaria, un impulso moralizante que "no sólo reproducían los prejuicios y prácticas excluyentes de la sociedad finisecular argentina, sino que ellas mismas constituían una de las variantes de las prácticas discriminatorias" (ctdo. en Horne 30).

Lo monstruoso, lo desagradable y lo abyecto en nuestros relatos no dejan entrever la necesidad de una utopía social o moral que los supere, sino que se parecen (en su función) más bien a lo que Horne llama "realismo despiadado", que no afianza una mirada biopolítica, sino que "busca volver a este régimen en contra de sí mismo" (33). Es decir, que no se trata de reproducir el antagonismo propio de lo político desde una propuesta que podríamos denominar pedagógica (o desde una propuesta a secas), sino que justamente se busca desarmarlo, encerrar la lógica a la que pertenece en su propio margen de imposibilidad; pero también sacarlo del terreno de la moral en donde las categorías de amigo/enemigo se confunden con las de bien/mal, borrando así el pluralismo político y transformando al *otro* en enemigo absoluto al que sólo se puede exterminar.

En los relatos de Wilcock, Lamborghini y Piñera lo monstruoso y lo abyecto van acompañados de una proliferación de "sentimientos desagradables" de emociones y afectos que explotan el rechazo estético que produce en los lectores. Este "bestiario de afectos" (Ngai 7) son, por un lado, emociones no catárquicas que no ofrecen sentimientos terapéuticos de purificación o de alivio; y, por el otro, producen una distancia irónica, permitiendo una lectura que las pasiones y los sentimientos grandiosos o más prestigiosos no permiten. Son sentimientos negativos saturados de sentidos y valores socialmente estigmatizados y que, precisamente por ese motivo, pueden ser leídos como interpretaciones que apuntan a un afuera del texto que, además de volver visible diferentes registros de un problema, los reagrupa de forma particular; o como señala Rancière, reconfiguran la distribución de lo perceptible. Estos afectos que pueblan los textos de nuestro *corpus* se producen obstinadamente en lo que podríamos llamar "escenas antagónicas", en las cuales hay siempre dos situaciones contrarias, generalmente violentas, grotescas y absurdas que están cargadas de sentido político precisamente porque crean un rechazo y una distancia hacia la violencia excesiva. Es decir que, por un lado resulta imposible la identificación positiva del lector con alguno de los polos del antagonismo y, por el otro, pone en cuestión la figura del antagonismo como abstracción.

La manera en que los personajes de estos relatos se infligen torturas y vejaciones a granel se asemeja más a una comedia "slapstick" en donde todos corren alocados pegándose unos a otros, torturándose unos a otros e intercambiando roles de víctimas y victimarios en un ciclo sin fin. Lamborghini lo definió en una frase en *El fiord* "no sé si figuramos en el

Escrituras Impolíticas

libro de los verdugos o de los verdugueados", y esta afirmación no debe leerse como una muestra de ambigüedad ideológica, sino más bien como una manera de separar moral y política, de no ubicarlo en el registro de la moral, en la lucha entre el bien y el mal.[25] Como lo describe Mouffe: "Now, when instead of being formulated as a political confrontation between 'adversaries', the we/they confrontation is visualized as a moral one between good and evil, the opponent can be perceived only as an enemy to be destroyed" (5). El abordaje que propongo explora ciertos modos de desarticular la retórica hegemónica de los sesentas que substituyó la pluralidad y el disenso de la política por la guerra, e impuso a la literatura la función predominante de compromiso político enmarcada en la lógica bélica.

Los afectos negativos que se despliegan en los textos pueden ser leídos como comentario crítico que no se resuelve en una propuesta, o en sentimientos catárquicos que transfieran la carga de violencia y rechazo que producen hacia un resultado "productivo" o moralizante. Es posible leer en los relatos que nos ocupan la mezcla de "excitación y fatiga" que Ngai llama *stuplimity*, una fusión entre la estupidez y lo sublime que "involves comic exhaustion rather than terror" (36). Este humor negro y banal, casi siempre representado como violencia hacia el cuerpo, opera como una forma de extrañamiento y desfamiliarización de los antagonismos propios de lo político y de la política; pero también como testimonio de su irrepresentabilidad.

De esta manera, propongo leer los relatos que nos ocupan por lo que *no* representan, es decir, su negación a narrar la comunidad como totalidad trascendente y su insistencia en afectos y sentimientos negativos e improductivos que interrumpen la acción con una ética de la pasividad

---

[25] Es interesante pensar una analogía de esta frase con el concepto de "zona gris" de Primo Levi, en la cual "the long chain of conjunction between victim and executioner come loose, where the oppressed becomes the oppressor and the executioner appears the victim" (ctdo. en Agamben, *Remnants of Auschwitz* 21). Por supuesto que Levi no intenta igualar las responsabilidades de los nazis con la de los prisioneros de los campos, sino que explora de qué manera esta situación extrema produce un trastocamiento de los valores del bien y el mal.

o de lo indecidible. Estas escrituras plantean una no-identificación entre bien y poder "en el doble sentido de que el bien es *representable* por el poder y que el poder puede *producir* bien o también, dialécticamente, transformar el mal en bien" (Esposito, *Categorías de lo Impolítico* 31), ya que precisamente el traslado de lo político al terreno de la moral implicaría un imperativo de lucha contra el mal, en sus diversas metamorfosis sociales e ideológicas. Leer los textos que nos ocupan desde la categoría de lo impolítico nos permite entonces abrir una alternativa a esa moralización de la política propia de una literatura comprometida o contestataria: "Una ideología te propicia para boludeces, pero también para mitos heroicos", dice Lamborghini, y agrega, sobre "El niño proletario", "¿por qué salir como un estúpido a decir que estoy en contra de la burguesía? ¿Por qué no llevar a los límites y volver manifiesto lo que sería el discurso de la burguesía? ("El lugar del artista"). La estrategia de no decir "como un estúpido" que se está en contra (o a favor) de una ideología, es precisamente negarle la justificación ideológica o la representación teológica que produce el bien, o que transforma el mal en bien y que propicia la creación de mitos: "la dimensión *esencialmente* representativa: representativa de la esencia" (Esposito 32).[26] Lo que se niega entonces es la operación hegemónica discursiva que implica la universalización de un particular, la cual es constitutiva de la representación de la comunidad como plenitud y del enemigo como encarnación del mal.

Este trabajo identifica por un lado las estrategias que vuelven absurda la dicotomía amigo-enemigo en el terreno de la moral, y por el otro, las anti-representaciones de la comunidad *como estrategias impolíticas*. Quiero aclarar que mi análisis intenta buscar otras vías de interpretación de la política alejándolas de una lectura moralizante; tal vez hoy más que nunca es necesaria una lectura de este tipo, cuando tanto la retórica como la acción política bélica parecen encontrar su esencia en los significantes

---

[26] Esposito traza una analogía de la representación en el modelo religioso y el político. Anota: "[…] las variantes experimentadas en el siglo XIX y XX por los gobiernos representativos occidentales no modifican la esencia del principio representativo, que sigue siendo aquella – todavía y siempre– 'teológico-política' de una unidad constituida por una trascendencia de lo que representa respecto de lo que es representado" (*Categorías de lo impolítico* 118).

vacíos de la dicotomía bien vs. mal. Las escrituras impolíticas de nuestro *corpus* parecen estar de acuerdo con la observación que Hannah Arendt escribe en una carta a Karl Jaspers: "I'm more than ever of the opinion that a decent human existence is possible today only in the fringes of society, where one runs the risk of starving, or being stoned to death. In these circumstances, a sense of humor is a great help" (29). Los relatos que analizamos aquí exploran precisamente este sentido del humor en la teatralización de la violencia extrema y grotesca, con la estrategia de hacer visible y decible una narrativa de lo político que muestra en la ficción el terror de lo real. Ponen "sobre la mesa" los afectos y sentimientos negativos (parodiados, ironizados) que constituyeron los fundamentos de la lógica bélica que legitima su poder en la exterminación del enemigo absoluto. Interrumpen e intervienen en esa lógica *como* ficción en el doble sentido de ser ellos mismos ficción y de practicar la ficcionalización lo político. De esta manera, las escrituras (im)políticas simulan la estrategia de la política y vuelven explícita la naturaleza artificial de su representación.

Los enanos de Wilcock que dibujan una carita con una sonrisa en la piel del sobrino del interior chamuscada por el punzón caliente mientras cantan una canción y le sellan los párpados con goma de pegar; o el tono de comedia *slapstick* de los personajes de *El fiord* de Lamborghini que se violan y se torturan unos a otros en el nacimiento del bebé de Carla Greta Terón, o los personajes de Piñera mascando chicle, jugando canasta, y desapareciendo de la tierra en capuchones inflados: todos componen el personaje frente a los lectores, nos dejan ver los hilos detrás del escenario, nos gritan una y otra vez desde el coro para volver evidente la ilusión de la política, que vestida de fajina golpea la puerta de la literatura ofreciéndole la promesa de la Historia para que se comprometa.

CAPÍTULO I

Wilcock en su Isla

> *What is an island?*
> Jacques Derrida
> *The Beast and the Sovereign*

I. Estupidez y soledad

En este capítulo exploro cómo la representación de la estupidez funciona como *desfamiliarización* de la lógica de lo político en la narrativa de Juan Rodolfo Wilcock; desde esta perspectiva, analizo la figura de la metamorfosis y sus respectivos correlatos de soledad y nostalgia como afectos negativos que, por un lado, vuelven absurda la idea de comunidad, y por otro, bloquean la lógica antagónica de lo político.

Es imposible leer a Wilcock (Buenos Aires, 1919-Lubriano, 1978) sin tener en cuenta algunos datos fundamentales de su biografía: fue antiperonista, perteneció al grupo de la revista *Sur*, dejó la Argentina en 1957 (después de la llamada Revolución Libertadora que derrocó y proscribió al Peronismo en 1955), y escribió en Italia el resto de su obra en lengua italiana. Si bien el contexto de producción de su obra argentina (en su mayoría poesía neorromántica) fue el primer gobierno peronista (1943-1955), en Italia continuó escribiendo, reescribiendo y traduciendo ciertos temas recurrentes en su escritura, relacionados con el Peronismo, la Argentina, y la dicotomía civilización o barbarie.[27] Wilcock, además, traduce y retraduce sus textos escritos en castellano al italiano, y del italiano al castellano que se publican en los dos países. Esta peculiar condición de su obra sugiere una doble distancia lingüística y cultural: una economía de traducciones y traslados de sentido que implica una nueva mirada crítica a la cultura y la política de su país de origen. Esta es sin duda una

---

[27] Su primer libro de poesía, *Libro de poemas y canciones* (1940), obtuvo el Premio Martín Fierro. Entre 1942 y 1944 dirige la revista literaria *Verde Memoria* y, entre 1945-47, la revista *Disco*. En 1945 publica los libros de poesía *Ensayos de poesía lírica* y *Persecución de las musas menores* y en 1946 *Paseo Sentimental* y *Los hermosos días*. En 1956 publica, en colaboración con Silvina Ocampo, una obra de teatro titulada *Los traidores*.

mirada irónica, marcada por el doble sentido, una no-correspondencia directa entre palabras y significado que intima al lector a desarrollar la perspicacia extrema y la desconfianza. Wilcock plantea situaciones y personajes irónicos que reproducen la misma experiencia de distancia que es condición de su escritura "post-argentina".[28]

De esta manera, propongo leer su obra narrativa, especialmente las colecciones de cuentos *El caos* (1974), *El libro de los monstruos* (1978), *La sinagoga de los iconoclastas* (1972) y *El estereoscopio de los solitarios* (1972), a partir de esta distancia irónica (temporal, geográfica y lingüística) que desfamiliariza su propia condición antiperonista y opera como extrañamiento de la lógica antagónica de lo político. Me interesa en particular cómo en su narrativa la representación de la política y lo político toman la forma de la estupidez. Podríamos pensar esta modalidad de representación como un mecanismo de "democratización de la estupidez", ya que ésta afecta a todos por igual, tanto a los que detentan el poder como a las masas, tanto a los civilizados como a los bárbaros. El paradigma de la estupidez es sobre todo un cristal por donde mirar la Historia, símbolo monumental de la idiotez humana.

Sugiero entonces una lectura desde la simple premisa de que en la narrativa post-argentina de Wilcock la política y lo político son una estupidez. Esta simplificación brutal tiene, como se verá más adelante, dos niveles de sentido en los cuales es posible una interpretación política (que conserva el antagonismo de lo político) y una lectura impolítica (que los "absurdiza"). Así, la correspondencia entre ignorancia y violencia en los relatos de Wilcock es directamente proporcional a la de estupidez y felicidad; es más, podríamos decir que la felicidad constituye un estado de la idiotez, y ésta a su vez, es una condición de lo (im)político. Este planteo irónico busca la "absurdización" de lo político por medio del humor negro que complejiza, por un lado, una lectura *literalmente* política, y por el otro, bloquea sistemáticamente las significaciones propias de la retórica

---

[28] Me refiero, en específico, a su obra narrativa y no a su obra poética de estilo neorromántico escrita en la década de los cuarenta.

peronista basada en una identidad cuyos fundamentos discursivos son el trabajo, la realidad, la lealtad (a la patria, al líder, a la causa justicialista) y las ideas utópicas de pueblo y futuro. La representación de la estupidez, además, ironiza la lucha política y la violencia, organizada como exterminio del enemigo.

La estupidez implica un "proceso de des-civilización" (Ronell 79) y conlleva inevitablemente a la soledad, afecto que pone en escena interrogantes sobre la vida en comunidad y la política como su fundamento racional (que como veremos más adelante sugiere la nostalgia de una identidad imposible por utópica).

No es el propósito de este trabajo hacer un análisis histórico o político del Peronismo. Es importante, sin embargo, remarcar el peronismo como fenómeno cuyos fundamentos discursivos, tal como lo plantean en su brillante estudio Silvia Sigal y Eliseo Verón, ha propiciado un proceso político singular que culminó en "el pasaje a la violencia, la lucha política que se revela súbitamente organizada en torno a la muerte del enemigo" (14). Para Sigal y Verón, el problema de la especificidad del Peronismo es también el de su unidad y coherencia como movimiento en el tiempo (243). Los autores encuentran que ciertos "temas peronistas" se modificaron mientras que otros permanecieron intactos: "La asociación entre la entidad 'pueblo' y el colectivo 'los trabajadores', típica del discurso peronista hasta el '55, desaparece prácticamente en el último período (1973-74)" (244). Sin embargo, algunos elementos fundamentales conservan una coherencia *funcional* a lo largo del tiempo: "la identificación tendencial entre 'Perón' y 'Patria', por una parte, y entre 'peronistas' y 'argentinos' por otra, operación que expulsa al adversario las hacia zonas de sombra de 'la anti-patria'" (245).

Desde esta perspectiva, el poema de Wilcock "De un argentino a la República" escrito en 1957 –año en que el escritor abandona definitivamente la Argentina–, puede leerse como una puesta en escena de la expulsión del *otro* no peronista (Balderston, "Civilización" 57-

61). El poema describe el proceso del desencanto, distanciamiento y la descomposición y prostitución de la patria, que, como una mujer "adúltera sin frenos" prefiere los "machos" a los violines y a los libros. Además de un recorrido por los lugares comunes de civilización y barbarie, como lo nota Daniel Balderston, el poema narra el desgarramiento emocional del rechazo y el destierro de un sujeto que se asume del *otro lado* del antagonismo político. Esta configuración ideológica cambia en la narrativa post-argentina a una perspectiva "estereoscópica", para usar un término del universo de Wilcock, por el cual se miran los dos polos del antagonismo desde la superposición del lente de la ironía. Una de las funciones del estereoscopio es la comparación de fotografías aéreas para analizar la cartografía geológica: la técnica estereoscópica provee a la imagen de los suplementos de distancia y profundidad que la desfamiliarizan, creando una perspectiva tridimensional que une dos imágenes en una, de la misma manera que la mirada irónica de los relatos de Wilcock desfamiliariza los dos polos del antagonismo de lo político.

El alejamiento afectivo y geográfico del exilio del poema marca, además de la dicotomía civilización o barbarie señalada por Balderston, otra polaridad presente en "De un argentino a la República": la del individuo y la comunidad, o el sujeto y la Patria. El viaje aleja a la voz poética no sólo de la Argentina como lugar afectivo, sino de la idea misma de patria como posibilidad de territorio afectivo. Reproduzco aquí el poema en toda su extensión publicado en el artículo citado de Balderston:

> Como una mujer dormida en la tormenta,
> como una anestesiada sobre la tierra esférica,
> te vi desnuda y sucia tendida sobre América
> mostrando entre tus restos de túnica harapienta
> tus ríos, tus montañas plagadas de ratones,
> Buenos Aires roído de herrumbre y de ladrones
> y en cada arroyo seco una osamenta.
>
> Vi en tus ciudades damas mordidas por chacales
> y en el medio del campo carteles con consignas;
> de noche se escuchaban carcajadas malignas
> por las calles desiertas de algunos arrabales,
> o al pasar por la esquina de un café transparente

la voz de un atorrante que insultaba a la gente
por la red de las radios oficiales.

¿Y es ésta la República, pensé, que tanto amabas,
la alumna distinguida de Inglaterra y de Francia?
¿Son éstas las provincias que pintaste en la infancia,
las plazas, con estatuas donde te enamorabas?
Acostada entre víboras esa inmensa mujer
Bajo las nubes, bajo las lluvias, ¿puede ser
tan al revés de lo que imaginabas?

Patria, me rechazaste sin mirarme si quiera,
preferías los besos de tus negros demonios;
estabas loca, loca, te adornabas con moños
que encontrabas tirados, como una basurera,
y me decías: "Vete, no quiero mamarrachos,
no quiero ni violines ni libros, quiero machos
que me estremezcan una vida entera."

Estabas orgullosa con tu nueva postura
de adúltera sin frenos, de novia del bandido
que se acuesta en la selva sin cambiar de vestido,
pero ya no cantabas, ni eras feliz, ni pura,
y cuando levantabas tus pupilas ya frías
hacia la luna azul de invierno repetías:
"Vete, vete, no quiero tu ternura."

Te dormías, enorme, sobre tus ríos lentos
con bagres y con frutas que navegan absortas,
sola y hecha una india con las polleras cortas,
mi tesoro, mi nido de lagunas y vientos;
decías que era el turno de amar un asesino,
que si también los malos tramaban tu destino
también se merecían monumentos.

Nubes de hormigas negras devoraban tu senos
y tus pobres adornos colgaban en pedazos
entre los eslabones que te ataban los brazos
a una pared cubierta de retratos obscenos,
y aún así deslumbrabas a los Embajadores
mostrándoles tus deltas o tus bosques sin flores
o un volcán con relámpagos y truenos.
Y una tarde entendí que eras invulnerable,

que los hombres pasaban por ti sin conmoverte
porque les dabas la vida como les dabas la muerte,
y que tu ultima razón era inconjeturable
frente a tu eternidad de mares y cascadas
y avalanchas de piedras y selvas incendiadas,
frente a tu mismo nombre intransmutable.

Como el amante que mira sobre el lecho a su amada
desnuda entre las sábanas aún cálidas, te vi
desde el Cabo de Hornos hasta Orán y Yaví
espléndida y dormida, y aparté la mirada,
débil de celos porque tu lecho no era el mío,
y en un barco extranjero me alejé por el Río
a esperar exiliado tu alborada.

A esperar ese instante de lluvia y primavera,
cuando abriendo los ojos con vaga majestad
barrieras hacia el agua las ratas de ciudad
que te habían comido la vestimenta entera,
y adornada otra vez con tus constelaciones
contestaras el canto de las demás naciones
envuelta solamente en tu bandera.

La invulnerabilidad, la inconjeturabilidad e intransmutabilidad del nombre de la patria subraya su indiferencia a los afectos individuales y colectivos; la negación –persistente en el prefijo "in"– reproduce el rechazo del otro, la expulsión que va desde los afectos a la materialidad del cuerpo ("vete, no quiero mamarrachos"). La patria es a la vez objeto y sujeto de violencias contrarias, protagonista de un melodrama romántico ("vete, vete, no quiero tu ternura"). La esperanza de que haya una alborada y de que la patria del poema recupere su lugar en la constelación cosmopolita de naciones, o sea la idea del retorno, desaparece en la narrativa posterior de Wilcock. El ideal de civilización del siglo XIX, simbolizado por la República "alumna distinguida de Inglaterra y de Francia", forma parte de un cosmopolitismo utópico y a la vez nostálgico; contradicción que se reitera en el sentimiento de amor-odio hacia la patria (basurera, india, novia del bandido, loca), que culmina en un gesto teatral de partida de la voz poética.

Los afectos, los recuerdos, todo es arrasado por una retórica vacía que aparece representada en el poema como carteles con consignas en medio del campo, "la voz de un atorrante que insultaba a la gente por la red de las radios oficiales" y "una pared cubierta de retratos obscenos", imágenes que claramente representan al Peronismo. La política irrumpe (e interrumpe) la escena amorosa con la patria como lugar afectivo de los recuerdos de la infancia y de los primeros amores en las plazas; y si bien el poema termina con un "continuará" en el que la voz poética se va, pero espera en el fondo volver, esa perfilada esperanza de una vida en común se abandona en la ficción posterior de Wilcock y se transforma en una distopía en la que la confianza en la idea de comunidad cosmopolita es imposible.[29]

El tono melodramático del poema marca, paradójicamente, una distancia afectiva: a pesar de la exaltación de sentimientos, la parodia de los lugares comunes de la tradición literaria romántica (que narra el amor imposible de la "bárbara" y el "civilizado"), el dramatismo y la exageración en las emociones, reproduce los roles del villano y la víctima al mismo tiempo que recrea un antagonismo *demodé*. La distancia entre la voz narrativa y la patria está presente mucho antes de la partida hacia el exilio del final, en el desdoblamiento de la voz poética de la tercera estrofa: "¿Son éstas las provincias que pintaste en la infancia, las plazas, con estatuas donde te enamorabas?", "¿puede ser tan al revés de lo que imaginabas?". En esta dualidad de la voz poética hay una clave para leer la narrativa posterior de Wilcock: una escritura que se constituye en la distancia entre sujeto y comunidad, entre afecto y política, entre utopía y nostalgia.

---

[29] En "Juan Rodolfo Wilcock y el problema de la restauración neoclásica", Ricardo H. Herrera afirma: "Sintetizaré mi hipótesis: el peronismo objetivó las tendencias restauradoras y regresivas que Wilcock venía impulsando en su obra, y, al objetivarlas, hizo evidente para el autor sus peligros. Esto motivó su inmediato giro hacia una postura absolutamente crítica, es decir, moderna, como única posibilidad de afirmar la confianza en el significado. El lirismo de sus primeros libros torció violentamente su impulso hacia la ironía, y la sublimidad desembocó en el grotesco" (6).

El tono del poema sugiere la idea de un "cosmopolitismo nostálgico" que, de manera análoga a lo que la crítica denomina *left melodrama*, combina un juicio político con elementos y estructuras del género melodramático.[30] La diferencia obvia es que este cosmopolitismo nostálgico no muestra un deseo verdadero y melancólico asociado a la promesa incumplida de la izquierda, sino que exhibe la paradoja de ese deseo imposible implícito en la noción de "nostalgia utópica" (términos que el sentido común dicta como excluyentes) es decir, la imposibilidad de la idea misma de Patria, o de comunidad como fundamento y resultado del antagonismo de lo político, en este caso en su versión civilización o barbarie.[31]

He reproducido el largo poema en su totalidad porque en él se perfilan varias líneas temáticas que reaparecen posteriormente en la prosa del escritor argentino: el Peronismo y el pueblo como foco de barbarie son un punto de partida para poner en cuestión también la idea de civilización que abre las puertas a la interpretación de la estupidez y la soledad como afectos o estados impolíticos.

II. Metamorfosis

En *El libro de los monstruos*, publicado póstumamente en Italia en 1978, Wilcock presenta una colección de seres que han sufrido metamorfosis varias, algunos transformados en objetos como un cenicero, por ejemplo, o un volcán en erupción, pero que siguen intentando o simulando cumplir sus funciones dentro de la comunidad y del núcleo familiar. La definición del vocablo 'metamorfosis' se refiere a la transformación, mutación o evolución de una cosa que se convierte en algo diferente, de manera física o simbólica. Para la zoología, metamorfosis

---

[30] Véase, por ejemplo, el estudio "Left melodrama" de Elisabeth Anker.
[31] Uno podría objetar que Wilcock partió, en la realidad, hacia la utopía en su traslado a Italia. Sin embargo, la utopía nostálgica del poema no se refiere a *otro lugar idílico* sino a la realidad política de la Argentina. Así, el deseo utópico está relacionado firmemente a la "República".

es el cambio de forma que algunos animales sufren antes de llegar a su estado adulto, la que puede también involucrar un cambio de género. En la escritura de Wilcock, la metamorfosis implica una transformación desde lo que hemos señalado como "nostalgia utópica" (el deseo de retorno *de* y *a* una república cosmopolita perdida) que ha mutado en su narrativa post-argentina a la representación de la política y lo político como pura estupidez, y en la soledad como afecto que desarma la idea de comunidad.[32]

Propongo, entonces, leer el *tropo* de la metamorfosis menos como una interpretación alegórica que como anti-representación de ciertos paradigmas discursivos que fundamentan la comunidad imaginada del Peronismo; de esta manera, los paradigmas de la metamorfosis, la soledad y la estupidez funcionan a contrapelo respectivamente de la retórica peronista del trabajo y el trabajador, de la idea de patria y del antagonismo amigo-enemigo.

La metamorfosis produce una experiencia de extrañamiento y soledad profunda que transforma la subjetividad de los personajes y su consecuente manera de ver y relacionarse con el mundo; si bien no implica un traslado espacial sino un cambio de forma, la transformación resulta en un distanciamiento crítico con el entorno (propia también del viaje) que interrumpe el discurso de la comunidad como totalidad o plenitud. Los personajes-objeto de *El libro de los monstruos*, incapaces de seguir con su vida cotidiana y sus funciones normales (aunque lo intentan), remarcan lo que Jean-Luc Nancy identifica como el "desobramiento" de la comunidad, la imposibilidad de la realización de la comunidad por su obra, producción o consumación:

---

[32] Señala Elisabeth Anker: "Melancholy [...] is defined as the loss of what cannot be loved, the disavowed desire for something that has left or abandoned the subject. It is the refusal to acknowledge that a 'love object' has been lost, or that one had desired this lost object in the first place (Freud, 1959). Incorporating Freud's analysis, Brown argues that left melancholy is formed by the refusal to acknowledge the desire for what the left has lost: the faith that leftist theoretical analysis and political commitment can provide a direct means to truth, moral virtue and human freedom" (134). Este mismo razonamiento puede aplicarse a la nostalgia cosmopolita de Wilcock; mi argumento subraya que el cambio producido en su narrativa vuelve absurda (y por lo tanto inútil) esa "pérdida" a la que se refiere Anker.

> Por eso la comunidad no puede depender del dominio de la *obra*. La comunidad como obra supondría que el ser común, como tal, sea objetivable y producible (en lugares, personas, edificios, discursos, instituciones, símbolos: en una palabra, en sujetos.) La comunidad tiene lugar necesariamente en lo que Blanchot denominó 'desobramiento'. (67)

No se trata entonces, para Nancy, "de hacer, ni de producir, ni de instalar una comunidad [...]" (67). De la misma manera, el pensador italiano Roberto Esposito explora la perspectiva improductiva de la comunidad, es decir, su falta constitutiva:

> Todos los relatos sobre el delito fundacional –crimen colectivo, asesinato ritual, sacrificio victimal– que acompañan como un oscuro contrapunto la historia de la civilización, no hacen otra cosa que citar de manera metafórica el *delinquere* –en el sentido técnico de «faltar», «carecer»– que nos mantiene juntos. (Esposito, *Communitas* 33-34)

Tanto Esposito como Nancy identifican el mito de la comunidad, o la comunidad como mito; pero además, el mito *como lo que es común* a los miembros de la comunidad. Cabe entonces preguntarse por la posibilidad de su interrupción, o en otras palabras, ¿puede la anti-representación de la comunidad funcionar como interrupción del discurso del mito comunitario? La figura de la metamorfosis en la narrativa de Wilcock remarca esa falta de la que habla el pensador italiano: el otro, sujeto-objeto de la metamorfosis, representa no sólo el cambio individual sino que, desde mi punto de vista, personifica una distancia que es a la vez política y literaria. Los "monstruos" operan como mecanismo doble: por un lado, son metacomentarios sobre la escritura (ponen en duda su verosimilitud, exponen su artificialidad); y por otro, cuestionan e interrumpen la noción de comunidad como resultado de la política y lo político.

La metamorfosis (y como veremos más adelante, el viaje) involucra un desbalance entre forma y contenido, se ubica en un espacio utópico en donde lo que no se corresponde puede coexistir. Este desfasaje entre significante y significado abre la posibilidad de una función crítica de la escritura, una distancia irónica similar a la técnica de la desfamiliarización u *ostranenie* que los formalistas rusos identificaron como una manera de des-automatización de la percepción propia del arte. Muchas veces no se sabe bien en qué se han transformado los "monstruos" de Wilcock, pero lo que sí queda claro es lo que no son. En el relato "Ilio Collio", por ejemplo, el personaje del mismo nombre:

> [...] se encuentra enormemente impedido en el ejercicio de sus funciones de asistente social porque de las tetillas le sale una especie de aceite espeso, como de máquina, que normalmente le corre hasta los pies, y eso lo vuelve muy escurridizo, además de ser una fuente inagotable de manchas grasientas [...] (Wilcock, *Libro de los monstruos* 74)

Ilio escucha desde la planta baja de un edificio "los alaridos de las víctimas indefensas aplastadas por la aplanadora de una vida demasiado compleja para sus modestos intelectos" (75), pero nunca consigue su objetivo de ayudarlos, ya que vive resbalándose en su propio aceite:

> [...] tendido en el piso en medio del charco de aceite de sus inagotables tetillas, busca en vano abrirse paso con ligeras contracciones del abdomen, como los gusanos: "Ya voy, ya voy!" se lo oye gritar, y cuando por fin llega a la escalera, resbala los primeros peldaños y cae hacia atrás [...] (75)

El extrañamiento inicial que produce el desborde de aceite del cuerpo de Ilio se completa en su "metamorfosis" a la condición de gusano, que sin embargo, no le impide continuar con la tarea imposible de asistir al prójimo. La metamorfosis implica una experiencia de distanciamiento que se da al mismo tiempo en el sujeto transformado y en su entorno familiar y social. Similarmente, en otro relato, el personaje Mano Lasso (en el texto del mismo nombre) es un estudiante de tercer año de arquitectura que:

> [...] despertó una hermosa mañana cubierto de plumas blancas, saltó de la cama y fue a mirarse al espejo: tal vez esperaba ver reflejada una gallina o algo peor, pero sus temores resultaron infundados: seguía siendo un lindo muchacho, o lo que su madre solía llamar un lindo muchacho [...] (*Libro de los monstruos* 11)

Como en los talones le crecieron espolones duros, Mano Lasso decide dedicarse a la arqueología y su hallazgo más notorio es un Fiat modelo 1949 sepultado con un insólito grupo de individuos sin cabeza ni manos, cincuenta mujeres jóvenes, un cacique y numerosas puntas de flecha. En general, los monstruos de Wilcock una vez transformados continúan (o intentan continuar) con sus actividades o profesiones habituales, o encuentran una más adecuada a su nueva forma. Poco cambia aparentemente en sus rutinas o en las de los seres que los rodean.

Sin embargo, lo que se pone de relieve en estas transformaciones es lo absurdo de las actividades mismas, que pueden continuarse no importa si el involucrado es un hombre, una mujer, o un engendro de formas imprecisas. Esta ironía con respecto a los personajes transformados, sugiere una vuelta de tuerca en relación a las metamorfosis kafkianas: Gregorio Samsa pasa el resto de sus días recluido en su habitación, separado de su familia y de su actividad productiva de viajante de comercio que queda suspendida indefinidamente por su nueva forma de insecto; si bien su metamorfosis pone en cuestionamiento la dinámica familiar y social de su entorno, finalmente su aislamiento y su muerte preservan el sistema mismo que cuestionan.

En "Geómetra Elio Torpo", por ejemplo, el personaje que se ocupaba de hacer trámites y era agente inmobiliario, se ha transformado en un volcán de lodo que vive en el huerto de su casa. Las erupciones de Elio Torpo son,

> [...] más violentas cuanto más ignorado se siente, y a veces ocurre que cubre con una capa de barro no sólo el techo de la casa, sino también el automóvil, frente a la mirada desesperada de toda su familia, que presencia impotente sus ataques de neurastenia. (*Libro de los monstruos* 9-10)

Sus hijas, entonces, tratan de mostrarle cariño hipócritamente y bailan a su alrededor cantándole villancicos, para que no ensucie el auto ni la ropa limpia. Pero, dice el narrador "es pura hipocresía pueblerina" (11). El volcán se da cuenta y las llena de barro. Como Gregorio Samsa, los "monstruos" de Wilcock conservan pensamientos o sentimientos humanos. Sus transformaciones revelan siempre una falla o vacío que se expresa en la relación con sus semejantes, con la comunidad y la historia.

En "Zulemo Moss", el personaje terminó convertido en un cenicero de madera y es el cenicero más malvado de Italia: "su única ambición es hacer daño a los demás y la perspectiva de hacerlo, nula, porque carece de medios" (13). De la misma manera, en "Mesto Copio" el protagonista se volvió tan chato que parece una hoja de papel. Colecciona mariposas, tal vez, dice el narrador, porque conservan una analogía con su persona, aunque:

> [...] esa delgadez que en las mariposas es una virtud consagrada a explicar y difundir los más logrados dibujos de la mano de la naturaleza, en Mesto es lo contrario de una virtud, ya que está destinada a poner en evidencia, como sobre el papel, la forma absurda de ese monstruo soberanamente estrafalario que es el hombre. (63)

Mesto tiene ojos, nariz y boca pero estos rasgos no son suficientes para determinar su humanidad ya que es la estupidez, y sus cualidades negativas más notorias, lo que son propio de lo humano:

> [...] los mismos elementos forman algo tan repugnante y anómalo que parece servir solamente para mostrar, y con cuánta crudeza, aquellas características de las cuales todos los mamíferos [...] están afortunadamente exentos: la estupidez, la maldad, la codicia, en suma, las cualidades humanas más notorias. (64)

Son precisamente estas cualidades las que se ponen en evidencia en el papel, o sea en la escritura; en la superficie del cuerpo transformado se concentra la tensión entre el mundo exterior y el sentimiento interior de soledad. La transformación vuelve visible lo que estaba oculto y, al mismo tiempo, produce una ruptura en el orden de las cosas. Como en el poema "El cuervo" de Edgar Allan Poe, o en el ensayo de Freud, es lo *uncanny*, lo familiar vuelto extraño que muestra lo imposible de la vida en comunidad y es además, la naturaleza misma de ésta lo que aparece como siniestro. De tal manera, el viaje en los relatos de Wilcock opera como fractura del orden cotidiano y desfamiliarización del mundo: viaje y metamorfosis pueden leerse, entonces, como dos categorías críticas que cuestionan la idea de comunidad. Como lo nota Georges Van Den Abbeele:

> Indeed to call an existing order (whether epistemological, aesthetic or political) into question by placing oneself "outside" that order, by taking a critical distance from it, is implicitly to invoke the metaphor of thought as travel. (xiii)

En "La noche de Aix", un hermoso relato incluido en el libro *Il caos* (publicado en español en 1974), el argentino Guido Falcone, quien vive en París, decide pasar el fin de semana en *Aix-en-Provence*. Falcone es "un extranjero de ambiciones modestas que todavía no domina a fondo las costumbres del país". El turista sale a recorrer la ciudad después de alquilar un cuarto en una pensión. Entra a un cine donde pasan un documental sobre África y una vieja película argentina:

> Los animales de África eran más o menos siempre los mismos. [...] Después de un intervalo [...] aparecieron en la pantalla rectangular las estólidas caras porteñas que en su infancia le habían sido familiares, conversando en francés en un Barrio Norte poblado de almaceneros retirados y prostitutas en actividad. Fragmentos de la Diagonal, una entrada del subterráneo, una calle de paraísos; hasta lo cierto le resultaba falso, como en un cuadro académico. (134)

A su vuelta, Falcone encuentra la pensión cerrada y tiene que pasar la noche a la intemperie. Camina por la ciudad buscando un lugar donde dormir. Se acuesta entre las plantas de un terreno baldío y allí, bajo el cielo estrellado, siente la distancia que lo separa, no sólo de su país natal, desfamiliarizado en la vieja película argentina por la superposición y confusión de tiempo-lugar e idioma, sino también de la historia de la humanidad:

> [...] en el silencio sin ladridos de perros, un argentino se acurrucaba entre tejidos de lana de oveja como los primeros pobladores de Francia que tal vez eran negros, y a pesar de una preparación literaria de muchos años, o quizás gracias a ella, conseguía percibir la intensidad de la pureza nocturna que pudo haber exaltado cualquier instante de la vigilia del hombre magdaleniano cuando, exiliado de su cueva familiar por haber infringido el rito religioso, erraba por el valle del Ródano [...] durmiendo bajo los árboles como Falcone [...] (137-138)

El hombre magdaleniano, como Falcone, como el mismo Wilcock, y como su colección de monstruos que han sufrido metamorfosis varias, se ha auto-exiliado de la vida en comunidad en el retiro de la soledad extrema. La experiencia de la soledad profunda es análoga a la de la metamorfosis y el viaje: como el único Robinson en una isla desierta, Falcone desanda la historia y retorna al estado idílico de los primeros hombres del planeta, el estado pre-político que, a su vuelta a la civilización, después de la noche a la intemperie en la cual se da cuenta que ni siquiera el lenguaje puede comunicar su vivencia, lo transforma en un "verdadero viajero", un turista de la historia. Esta distancia crítica será condición fundamental de su escritura, la cual se manifiesta insistentemente en sus relatos como resultado de la imposibilidad de la comunidad como lugar de pertenencia:

> Al mismo tiempo, aislado por el frío casi poliédrico [...] sentía como un símbolo más de la noche la ausencia absoluta de cualquier deseo de expresar su soledad vertiginosa, de encarnarla en un esquema comunicativo cualquiera que no fuera un título sin más destinatario que el gusto de la evocación, por ejemplo "La noche que dormí en un baldío de Aix", o simplemente "La noche de Aix". Y esa certeza suya de que nadie en el futuro comprendería su experiencia [...] constituía la mejor confirmación de la esencia misma de la experiencia, que era la soledad. (138)

En la experiencia del viajero, la soledad opera como transformación interior y suspensión del mundo; este sentimiento define también las metamorfosis corporales de los monstruos de Wilcock, que como turistas practican la observación implacablemente irónica de la historia y del mundo que los rodea; pero, fundamentalmente, definen las relaciones afectivas con ese ámbito ajeno que es la política. Si bien la idea de un turista tiene connotaciones de tipo económico –el consumo de bienes y experiencias culturales en una sociedad capitalista–, metamorfosis y viaje, sin embargo, practican desplazamientos y experiencias similares a las de un turista en tierra extrajera, creando un alejamiento tanto espacial como simbólico que encubre cierta nostalgia utópica que aparece velada, como un fantasma: en las imágenes de la Argentina superpuestas al francés en el cine de *Aix*, en la plaza bombardeada (por un dictador que se llamaba Conejo) que sueña Falcone en el terreno baldío,[33] en Colquetá, el pueblo carnavalesco y peronista del cuento "Felicidad", en la casa de la calle Solís donde los enanos torturan al sobrino provinciano, en el país imaginario de la despótica Casandra, y en tantos otros "monstruos" que interrumpen la vida en comunidad.

Svetlana Boym declara que la nostalgia es una emoción histórica que está relacionada más que con un desplazamiento en el espacio, con un cambio en la concepción del tiempo (7). La "nostalgia utópica" de

---

[33] En alusión al bombardeo de Plaza de Mayo en Junio de 1955, que devino en un fallido intento de golpe de estado contra el presidente Juan Domingo Perón. En setiembre de ese mismo año las fuerzas armadas derrocaron a Perón en lo que se llamó la "Revolución Libertadora".

los solitarios de Wilcock no propone restaurar un pasado perdido en la esperanza del futuro (como el deseo de retorno de la voz poética del poema "De un argentino a la República"), sino que marca la falta, la imposibilidad de la narrativa de la comunidad. Es una nostalgia imposible o la imposibilidad misma de nostalgia, ya que no puede haber nostalgia verdadera si no hay "Patria verdadera". La nostalgia utópica no es un sentimiento de *homesickness*, como define Martin Heidegger a la filosofía, sino más bien el sueño de una condición (im)política en el cual es posible tomar distancia de la política y de lo político.

Ricardo Herrera identifica el cambio en la escritura de Wilcock de los años 40 (poesía neorromántica de "regresión órfica" y "restauración formal") con respecto a un centro en su vida y su obra que "atrae y repele": el Peronismo. El lirismo cambia a la ironía, lo sublime se transforma en grotesco (Herrera 57). El cambio se produce también en la percepción de lo político a través de la experiencia de la nostalgia utópica; como señala Herrera, ya no es posible para Wilcock la nostalgia que implica un universo poético órfico que acarrea una mitología sentimental, formal e ideológica; de la misma manera, propongo, ya no es posible la nostalgia del retorno de la "República" cosmopolita, fundada en el antagonismo civilización o barbarie. ¿Por qué no pensar entonces que la distancia irónica practicada en su narrativa facilitó una reevaluación del fenómeno del peronismo en su escritura? ¿Por qué no pensar que esta transformación en los años sesentas y setentas (Wilcock falleció en 1978), en los cuales continuó escribiendo y publicando en español y en italiano, produjo también un cambio en su percepción de lo político?

En *Política y soledad* Verónica Galfione y Marcos Santucho se preguntan: ¿Cómo sería concebible la soledad en ese espacio común que constituye la política? ¿Será la soledad acaso una rareza, una anomalía, una falla en la política? (9). Desde esta perspectiva, la soledad cuestiona la posibilidad de lo colectivo e instala la problemática de la construcción de la comunidad y los lazos afectivos y productivos que la constituyen. Como hemos notado, tanto Nancy como Esposito remarcan el carácter de mito de la comunidad; un mito que la imagina como utopía pero además, pensando en Schmitt, como comunidad de "amigos" que se constituye en la diferencia radical y en la guerra. La soledad entonces podría ser lo que es propio del enemigo. O, por el contrario, como plantea Derrida, sería lo propio del soberano y la soberanía:

> This absolute political sovereignty, 'Adam sovereign of the world like Robinson of his island,' this absolute sovereignty of man over the entire world, i.e. a sovereignty without obstacle and therefore without enemy–and therefore, Schmitt would say, without politics– […] (47)

Robinson en su isla: una isla que funciona como el espacio privilegiado para la suspensión de lo político por la experiencia de la soledad profunda. La idea es asombrosa: *la soledad como afecto que interrumpe lo político*.[34]

En estos relatos la experiencia de la soledad se representa *contra* la experiencia de lo común y por momentos se parece a lo que Sianne Ngai denomina *stuplicity*, una mezcla de la estupidez y lo sublime.[35] La soledad, la idiotez y la imposibilidad de la comunidad constituyen una "isla de la desesperación", como llama Robinson Crusoe a la isla de su naufragio, un estado (im)político en el cual, a través de la mirada del humor negro, estos afectos y estados negativos indagan en la naturaleza antagónica de lo político y la encuentran absolutamente estúpida.

Wilcock crea su propia distopía insular en *El estereoscopio de los solitarios*, pero en este caso el destino de los personajes no siempre es producto de la fatalidad sino de la voluntad. El relato "La isla", por ejemplo, presenta un falso Robinson o falso Quijote, ya que el personaje Gromibo, "Impulsado por la lectura de la novela *Robinson Crusoe*", decide transformar su departamento en una isla desierta (80). Gromibo intenta entonces crear una ficción a partir de una ficción, y en este mismo gesto la pone en duda, la problematiza, porque Gromibo no navega en el mar del infortunio, ni habita la isla de la desesperación, sino más bien la de la ironía y la parodia. Al parodiar a Robinson, Gromibo devela el carácter ficcional del mito del sujeto soberano, e ironiza además la nostalgia por

---

[34] Veremos en los capítulos siguientes como ciertos afectos y sentimientos negativos (estupidez, aburrimiento, asco) funcionan como táctica impolítica en las escrituras de nuestro *corpus*.

[35] Desarrollaremos esta idea en detalle en el capítulo sobre Osvaldo Lamborghini.

ese mito. La mujer de Gromibo, Crabua, que también había leído la historia de Robinson, es consiente del simulacro nostálgico de su esposo:

> [...] fue a buscar la novela y le hizo ver al marido que en realidad Robinson disponía de una cantidad de muebles y objetos salvados del naufragio, un tintero, armas, quesos, rollos de láminas de plomo, hamacas, limas, un armario, cubiertos de plata y, en fin, más cosas que las que ellos poseían en pleno barrio residencial. (80)

Pero no hay caso, el marido decide desprenderse de todas sus posesiones y comenzar el aislamiento. Crabua llora, se aferra a los objetos, se desmaya, por momentos pierde la razón, hasta que por fin se resigna:

> A pesar de eso, algo consiguió salvar; pero no la estima de sus vecinas, lo que más que cualquier otra consideración sobre el natural aislamiento de las islas la indujo a no salir nunca más de su casa, por lo menos de día [...] (81)

La esposa cambia su nombre a Viernes, y hace lo que puede para mantener los trajes de Gromibo limpios para que siga yendo a trabajar al banco. Viven felices de lo que el marido encuentra en la basura y trae a la casa de sus excursiones por el barrio. Gromibo y Crabua escuchan amorosamente el silencio de la noche, "Interrumpido solamente por los gritos helados de los televisores [...]" (83), índices de que el experimento y la experiencia misma de la soledad, es posible como una isla dentro de una isla, aunque no como estado pre-político absoluto, sino como estado (im)político, que ironiza la política y lo político.[36]

Los textos que nos ocupan no narran la nostalgia por un origen fallido, el deseo utópico de un nuevo comienzo en el cual el soberano absoluto ejerce su voluntad sobre las cosas. Las "islas" de Wilcock son islas dentro de la comunidad como isla, las soledades improductivas que representan las metamorfosis y el viaje son posibles porque se dan *en* la comunidad, como metacomentario y como estrategia de resistencia a la mitologización de la comunidad.

---

[36] En el capítulo sobre Piñera exploro esta idea de "aislamiento en comunidad" que consituye la distopia afectiva en los textos del escritor cubano.

De la misma manera, en el cuento "Hundimiento", del volumen *El caos*, Ulf Martin naufraga en una isla que se está hundiendo. La tragedia de Ulf se debe a que asesina al amante de su novia, sin pensar primero que éste era el único que sabía manejar el barco. Podríamos decir, entonces, que Ulf naufraga en la isla de su propia estupidez; no puede salvar nada de la embarcación, pero cuando explora la isla encuentra una casucha con objetos en su interior, por ejemplo, un recibo por la compra de un salvavidas, que obviamente no le servirá para nada. Ulf, a diferencia de Robinson:

> [...] ha demostrado ser una persona que fracasa en todo, pero la vida en las grandes ciudades está organizada de tal modo que hasta al ser más inútil le basta ser simpático o tener familia para subsistir durante años sin mayores inconvenientes porque las consecuencias de su inutilidad se compensan, anulándose, con las consecuencias de la inutilidad de los demás. (*El caos* 128)

El hundimiento de la isla es también, para Ulf, (y como se verá más adelante, los idiotas del doctor Attendu), el de sus "pretensiones y convenciones"; ya no le queda nada, dice el narrador, ya ni siquiera se llama Ulf Martin. Ulf se hunde, y en esa certeza del fin, sentencia el narrador: "Si ha sido un hombre, lo ha sido solamente un instante antes de su muerte" (130), como Mör en su nave perdida en el espacio, Ulf descubre la revelación en el momento de soledad profunda, cercano a la muerte y lejano al mundo. Es entonces, en ese instante en el que ya no hay ni siquiera nombre propio, en el momento puro de la soledad, en el que todo se pone en suspenso –los afectos, los otros, la sociedad. La comunidad desaparece y con ella su utopía, la posibilidad de su mito.

Propongo leer entonces a Gromibo parodiando a Robinson, a Ulf en la isla que se hunde en el mar, a Mör en una nave espacial en forma de sandía en órbita parabólica para siempre en el espacio, a Falcone en un terreno baldío en la noche helada de *Aix*, a Illio Colio como un gusano que resbala en su propio aceite, y a tantos otros solitarios y monstruos o idiotas idílicos en su isla metafórica suspendida, aislada, en medio del mar de la Historia como gestos histriónicos, *tableaus* que ponen en escena a la política y lo político como pura estupidez.

III. Estúpidos ángeles

En la tapa del número dos de la revista argentina *Disco* (1945), dirigida por Wilcock, hay un grabado de un sol y una leyenda: "Hidra de la ignorancia, siempre serás el pórtico de las violencias". El año de publicación, el símbolo del sol –similar al de la bandera argentina– y la frase de tapa, enmarcan una preocupación política que caracteriza al Peronismo como un movimiento popular de barbarie centrado en los ejes de la ignorancia y la violencia. El contenido de la revista son algunos poemas neo-románticos de Wilcock y Ana María Chouhy Aguirre, un texto de Arturo Jacinto Álvarez dedicado a Silvina Ocampo, *El alquimista* de Ben Johnson, un soneto de Francisco Medrano y otro del Conde de Villamediana, *Song of Travel* de Robert Louis Stevenson, una nota sobre *Una vuelta de tuerca* de Henry James traducido por José Bianco, y otra muy sagaz sobre la (mala) traducción al español de *Sodoma* y *Gomorra* de Marcel Proust. En suma, un muestrario de cultura cosmopolita que incluye poesía, prosa y crítica de literatura universal sin hacer referencia alguna al contexto político del Peronismo sugerido en la tapa.[37] El poema de Wilcock que abre la revista se llama "Castigo de delincuentes":

> Y se alzará mañana como un velo
> El día en mi ventana, silencioso
> Y en apariencia claro y tan hermoso,
> Como sus ramas verdes sobre el cielo.
> Cualquiera podrá verlo sin recelo:
> Habrá sauces, corderos en reposo,
> Hilos de plata al viento luminoso,
> Y pájaros bañándose en el suelo.
> Y yo, que en una pena innecesaria
> Me he consumido como un leño ardiente
> Que una fuerza ennegrece, ardua y contraria,
> Yo que ya soy un ascua, una ceniza,
> Con qué ojos miraré esa luz naciente
> Que hace triunfar lo que me martiriza!

---

[37] La revista *Disco* se caracterizó por el uso de viñetas de tapa con frases que hacen referencia indirecta al contexto político del Peronismo.

Este poema presenta claramente dos situaciones emocionalmente opuestas. En las dos primeras estrofas se mencionan lugares comunes de la poesía: el día claro y hermoso, hilos de plata al viento, el cordero en reposo. Sin embargo, hay una escisión que se hace presente en la tercera estrofa, la fuerza extraña que ennegrece el alma de la voz poética. Este cambio se da además por la diferencia entre lo aparente, lo que se ve como el día, el árbol, lo que "cualquiera puede ver", y lo que la voz poética siente, una dolorosa verdad interior que no se muestra y que impide ver el futuro que nace en el nuevo día. Leído desde el contexto histórico de su producción, aludido en la tapa de la revista, el poema sugiere la preocupación política que aparece posteriormente, al menos, de forma indirecta en la prosa de Wilcock. Esa fuerza, esa luz naciente que hace triunfar lo que lo martiriza sugiere la irrupción de lo político. La articulación entre ignorancia y violencia en la tapa de *Disco*, que hemos mencionado anteriormente como condición de la estupidez, producen una vuelta de tuerca de sentido ya que el exceso y lo grotesco crean un caos que desestabiliza también el polo de la civilización. La estupidez, por lo tanto, funciona como paradigma distópico y mirada impolítica, en la cual la construcción de una "comunidad imaginada" (Benedict Anderson) o "imaginaria" (Phillip Wegner) pierde su valor como horizonte social.

La narración utópica, señala Wegner, crea comunidades imaginadas al mismo tiempo que cumple la función de cuestionar la estabilidad ideológica de la realidad presente (23). Por eso mismo, la utopía encarna una crítica del presente y una promesa a futuro; la condición misma de su existencia es paradójica, ya que su naturaleza es que permanezca siempre incompleta, como promesa que una vez cumplida, pierde precisamente su calidad de utópica. Como producto de la modernidad, la narración utópica es definida por Theodor W. Adorno como el imaginario de la transformación social total: "Whatever utopia is, whatever can be imagined as utopia, this is the transformation of the totality" (Adorno, ctdo. en Bloch 3).

Ernest Bloch identifica este deseo de transformación del mundo como la mayor posibilidad de felicidad social (4). Utopía y distopía están, muchas veces, simbiotizadas, puesto que en la invención de un nuevo orden posible se inscribe la crítica del orden presente; Bloch traza una analogía entre el espacio imaginado de la utopía y la figura de la quimera como *collage*: la utopía es también un no-lugar que se forma de partes y representaciones ya existentes, de la misma manera que los "monstruos" de Wilcock son un *collage* de las peores y más absurdas cualidades humanas y de la vida en comunidad.

El relato "Alfred Attendu", de *La sinagoga de los iconoclastas*, lleva la idea de la comunidad utópica hasta el absurdo. El Dr. Attendu dirige un "Sanatorio de Reeducación" en el período que va de 1940 a 1944 que, afirma el narrador, "fueron sus años de oro" (81). La referencia al contexto histórico del nazismo debe leerse como una operación paradigmática que contrasta y compara lo político y la estupidez. La idiotez, el embrutecimiento de la razón y por sobre todo, la imposibilidad de ponerse en lugar del otro y del diálogo con uno mismo (como lo postula Hannah Arendt con respecto a la banalidad del mal), están siempre en relación con un sistema político, social, cultural, o incluso, son la parodia de una teoría social, económica, teológica o política.

La tesis de Attendu es que: "Durante siglos, la opinión habitual ha considerado que la idiotez es un síntoma de degeneración del hombre; Attendu le da la vuelta al prejuicio secular y afirma que el idiota no es más que el prototipo humano primitivo, del cual sólo somos la versión corrompida [...]" (82), así, propone un Edén poblado de imbéciles a los cuales llama "*les enfants du bon Dieu*" (82). Después de todo, afirma el narrador, las razones de su teoría son más que evidentes:

> Desde lo alto del Haut-les-Aigues había visto [...] los ejércitos de uno y otro bando ir y venir, como en un film cómico, [...] construyendo para destruir, arrancándose banderas de modesto precio al precio de la vida. Sus enloquecidas confusiones superaban la comprensión humana. (Wilcock, *Sinagoga de los iconoclastas* 83)

Attendu comprende que la idiotez perfecta es la condición ideal y su objetivo es descubrir los medios para reducir a sus pacientes a un estado de retraso mental angélico. El primer paso es abolir cualquier relación de éstos con el lenguaje y el paso siguiente es suprimir cualquier traza de "buenos modales, limpieza, orden y similares características sub-humanas adquiridas precedentemente" (84). La distopía de una anti-comunidad de idiotas contrasta con el período histórico más nefasto de la historia de la humanidad, la Segunda Guerra Mundial, período en el cual se derriban muchos de los valores de la modernidad, y sobre todo, la idea de progreso y racionalidad histórica. Así, el extrañamiento y la distancia irónica de esta distopía opera de la misma manera que las metamorfosis o los viajes, poniendo entre paréntesis la posibilidad misma de la vida en comunidad y los presupuestos histórico-políticos que la fundamentan.

La ideología nazi de un pueblo de raza superior es tan distópica como la anti-comunidad de idiotas angélicos de Attendu. La diferencia más significativa es que en esta anti-comunidad se elimina la idea del enemigo, la guerra y la violencia. Incluso, si en este relato la ironía enmarca un fragmento de la historia, esta aproximación a lo real produce el extrañamiento necesario que vuelve absurda la política y lo político como fundamento de la historia como *locus* utópico. La distancia irónica es una herramienta hermenéutica que pone en evidencia el discurso político de la comunidad como significante vacío ya que ambos casos, el proyecto de una nación de individuos superiores y la noción de una comunidad de retrasados mentales como seres perfectos, sugieren la plenitud de la comunidad ausente como ficción del lenguaje.

La teoría del Dr. Attendu se funda en la metamorfosis o transformación de sus pacientes y en la eliminación paulatina de toda relación racional o afectiva con el prójimo. La supresión de la racionalidad es una condición primordial para la desmitificación paródica de la comunidad como plenitud, propia del discurso político que, como señala Ernesto Laclau, construye un "nosotros inclusivo". La exageración irónica de Wilcock hace pensar en la idea de la "banalidad del mal" tal como lo define Hannah Arendt refiriéndose a la burocracia del aparato de exterminación nazi.[38]

---

[38] Véase, por ejemplo, *Eichmann in Jerusalem*: A *Report on the Banality of Evil* (1963), en donde Arendt nota la absurda inhabilidad de Eichmann con el lenguaje y su incapacidad de comunicación: "The German text of the taped police examination, [...] constitutes a veritable gold mine for a psychologist -provided he is wise enough to understand that the horrible can

Arendt remarca que la incapacidad de pensar es fundamentalmente la incapacidad de ponerse en el lugar del otro, es decir, de construir y conservar un vínculo solidario. Para ponerse en el lugar del otro es necesario algún tipo de "imaginación comunitaria" o de identificación con el prójimo que resulta de la afectividad y de la racionalidad.

Luis Avilés sostiene que la idea del "dos en uno" de Arendt, la capacidad de diálogo conmigo mismo, "es el punto importante que liga a la consciencia con lo ético y lo político" (22). Avilés remarca que la falta de pensamiento se asemeja a un estado de sonambulismo: "Vivir sin rumbo, caminar dormido, ser un sonámbulo o quizás un zombi [...]" (24). La anti-comunidad de idiotas del Doctor Attendu presenta la paradoja de que este estado de estupidez (podríamos decir "Estado", en el sentido de organización política en este caso a todas luces "deficiente") invierte y parodia la ecuación de Arendt, sugiriendo que la "verdadera" idiotez humana, aquella que carece de dimensión ética, no está solamente en la falta de pensamiento, sino en el pensamiento de lo político en sí (es decir, en el antagonismo bélico).

Como hemos mencionado, Sigal y Verón señalan como uno de los fundamentos del discurso del Peronismo el antagonismo patria-antipatria, y la identificación de Perón con el trabajador. La retórica peronista se basa en el trabajo y el trabajador como figuras claves para comprender cierto universo simbólico fundado en una lógica nosotros-ellos: "Ningún Peronista debe sentirse más de lo que es, ni menos de lo que debe ser. Cuando un Peronista comienza a sentirse más de lo que es, empieza a convertirse en oligarca", afirma Perón en una de las "Veinte verdades

---

be not only ludicrous but outright funny. Some of the comedy cannot be conveyed in English, because it lies in Eichmann's heroic fight with the German language, which invariably defeats him." Más adelante Arendt escribe que "he was genuinely incapable of uttering a single sentence that was not a cliché" (48). Esta incapacidad está íntimamente ligada con la imposibilidad de pensar: "The longer one listened to him, the more obvious it became that his inability to speak was closely connected with an inability to *think*, namely, to think from the standpoint of somebody else" (49). Es interesante que Arendt considera que la transcripción de la declaración de Eichmann puede ser leída como ficción, y más aún, como ficción irónica, de manera que las similaridades con los idiotas del Dr. Attendu son evidentes.

peronistas" (Verdad Nº 7). Ser oligarca es, entonces, una condición que nace del pensamiento, o una manera de "sentir" que no se corresponde con la del trabajador. El trabajo constituye una condición ontológica del sujeto, ya que para el justicialismo sólo puede existir *una sola clase de hombres*. Es precisamente el pensamiento lo que puede transformar al trabajador en oligarca, cuando el trabajador se cree "más de lo que es" (pero no menos). En otras palabras: el peronista "de bien" es el que cumple las verdades peronistas, *sin pensar* que es más de lo que es, porque "Para un Peronista de bien, no puede haber nada mejor que otro Peronista" (Verdad Nº 6).

El cuento "Felicidad" de *El caos* ironiza esta Verdad, y la relación entre (falta de) pensamiento e identidad peronista, postulada en la Verdad nº 7.[39] En el pueblo de Valdivieso, el Secretario del Partido Oposición Constructiva le pide a Trenti, Prosecretario Honorario, que vaya al pueblo de Colquetá para el último día del carnaval porque, como lo ha prometido el Comisionado Interventor del Partido Peronista, se quemará a un opositor: "[…] para expresar simbólicamente el ideal fundamental del Consejo Superior Unánime del Partido, que es como todos sabemos eliminar la Oposición" (*El caos* 97). Trenti no quiere ir, sobre todo porque ya no queda nadie de la oposición, pero el Secretario le responde: "–Quedamos nosotros, los Constructivos. Aunque votamos por Perón, el Consejo Superior ha decidido hace dos semanas declararnos Oposición; ayer llegó el telegrama" (97).

Trenti debe ir a Colquetá a rescatar a Madama Souza, famosa oradora de barricadas, la única Opositora Constructiva que ha quedado en el pueblo porque los demás se han escapado. Ya en Colquetá, entra en la comisaría "ornamentada con palmeras en maceta y cartelones con caras cómicas de ex dirigentes de la Confederación General del Trabajo" (100). Después de declarar sus intenciones, lo meten en un calabozo y el Comisario amenaza: "Vea amigo, no le permitiremos que siga rondando

---

[39] Debo a Ana María Amar Sánchez la asociación de "Felicidad" con el cuento de Borges "El simulacro". Los dos textos comparten la representación del peronismo como farsa, y a la vez como misterio o secreto inteligible que pertenece más al mundo de la mitología que al de la razón o de la Historia.

impunemente las comisarías. Sepa que en este país se acabó con la política, para siempre" (101). Trenti encuentra a Madama Souza en el calabozo, pero aunque él debe quedarse allí, a ella la dejan en libertad. En la comisaría aparecen policías disfrazados de piratas y el Comisionado Interventor del Partido Peronista disfrazado de noble inglés le pregunta cuál es su último deseo. Ante la desesperación de Trenti, el Comisionado declara:

> Nada de sentimentalismos, por favor. Después de todo, si ha accedido a colaborar con nosotros en una de las páginas de la historia más hermosas, más fervorosas de la Provincia, no es el momento de personalizar sentimientos tan universales como el patriotismo. […] Frente a la majestad de una Nación, ¿qué es, qué vale la masa anónima que la compone? Cero, ni más ni menos que cero. (104-105)

A Trenti le duele la muela y lo llevan a la enfermería. Un ayudante vestido de Maharaja Hindú le aplica una inyección. Acto seguido empieza a sentirse confundido, y desde su nebulosa felicidad, observa los diferentes funcionarios disfrazados que lo suben a un camión adornado para iniciar el desfile por el pueblo que le lanza serpentinas, flores y papel picado. En medio del clima festivo general que se describe con un tono de pintoresquismo sarcástico, la enfermera que conduce el camión grita de vez en cuando, "como un trueno: ¡Viva Perón!" (109). El carnaval, los disfraces, el pueblo reunido cantando "entrelazando las manos con inocente fervor "Los muchachos peronistas", la plaza y en general todo el clima del relato es una sátira cómica y absurda de la mitología y la simbología del Peronismo. Trenti observa todo desde su estado narcótico de "apatía muscular" (111), con una evidente incapacidad de pensar. Los funcionarios y el pueblo disfrazados forman un séquito bajo la lluvia que arrastra papeles descoloridos y arruina disfraces. La narración tiene un tono inocentemente cómico, que los comentarios de los personajes disfrazados acentúan. Finalmente Trenti es trasladado a una pira en medio de la Plaza en donde pronuncia un discurso inconcluso:

> –Querido público […] agradezco conmovido esta manifestación de afecto a mi entender inmerecida, y antes de rematar la fiesta quisiera confesarles que éste ha sido el día más feliz de mi vida, y que nunca sentí como en este momento el lazo indisoluble que me une a mis conciudadanos, ya sea de mi pueblo o de

cualquier otro pueblo o ciudad de esta vasta tierra bendita y bienamada que me dio el ser… (113-114)

Rápidamente lo rocían con nafta y le prenden fuego, en una "hoguera patriótica" ante la ovación de la multitud.[40] Obviamente el relato da un panorama de todos los mitos y estereotipos peronistas, y una primera lectura política lo interpretaría como parodia histórica del movimiento y su burocratización partidaria. Si bien esta es una lectura innegable, me interesa dejarla de lado para explorar especialmente la relación que este relato postula entre estupidez y Peronismo, y en un sentido más amplio estupidez y política.

"Felicidad" postula lo político como simulacro y la política como estupidez. La necesidad del enemigo –expresada en las nuevas ramas de la "Oposición" interna creadas por el partido mismo que ya no encuentra oposición porque, "se acabó con la política para siempre"–, reproduce la irracionalidad de un mecanismo que traduce el disenso en exterminio. Parodia la arbitrariedad de este mecanismo, en el cual el enemigo es una figura móvil y ambigua, siempre a disposición para legitimar la soberanía del Estado. De la misma manera, la política no se basa en el pensamiento o la convicción sino en una serie de gestos vacíos, encarnados también en los "cargos" o "títulos" políticos de los personajes que simulan el aparato burocrático del partido, representado como un sistema de nombres intercambiables que pretenden ser algo que no son, como los disfrazados del carnaval.[41]

Como el trabajo mecanizado, la mecanización de la política es también alienante, y en este caso es el aparato del Estado el que representa una máquina productora de estupidez. En "Felicidad" el Peronismo representa una manera de hacer política como estupidez; y más aún: la estupidez

---

[40] Según la edición de Editorial Sudamericana, "Felicidad" fue publicado por primera vez en italiano en 1958 en *Il Mondo*. Luego, en *Il caos* lleva el título "Trenti re" (versión que cambia los nombres de Perón y Evita por López e Irisita). Pero luego en *Parsifal* Wilcock restituye el título original del cuento; es decir, que pasa por diferentes etapas de traducción y revisión que lo modifican.

[41] En el relato "El caos" también se representa la idiotez y el simulacro de la política, en donde el soberano basa la política del Estado en las fiestas caóticas y el cambio de roles de los personajes.

como estado colectivo, resultado de la política y también como límite de la política. La condición narcotizada de Trenti le impide pensar, y sin embargo, es capaz de pronunciar un discurso con todos los clichés políticos que, exacerbados por la situación, pierden sentido, y se vuelven un teatro de la política y de lo político como máquina de producir antagonismos.

Sin embargo, no es el pensamiento sino el trabajo la condición ontológica peronista tanto de la comunidad como del individuo. La cuarta de las "Veinte verdades peronistas" proclama: "No existe para el Peronismo más que una sola clase de hombres: los que trabajan". El trabajo es un componente de la vida en sociedad que está completamente ausente de las islas y los idiotas de Wilcock. ¿Cómo interpretar entonces la relación entre idiotez y trabajo? Desde la noción de alienación de Marx, el trabajo mecánico y rutinario del sistema capitalista industrial es la fuente de la alienación que el Estado impone al trabajador, que tiene el efecto opiáceo de un arma *en contra* del proletariado (Ronell 57). Como señala Avital Ronell, para Marx "stupidity consists in the inability to perform dialectics […] in the historical materialist sense" (57). Desde esta perspectiva, la estupidez es lo que impide que se realice la revolución, o dicho de otro modo: la estupidez obstaculiza que se cumpla la utopía.

En la escritura impolítica de Wilcock la idiotez no sólo anula la posibilidad de la dialéctica de la historia, sino la Historia misma, como horizonte y concepto funcional para cualquier utopía política. En el relato "Carlo Olgiati" de *La sinagoga de los iconoclastas*, el maestro del mismo nombre elabora su teoría "socio-biológico-económica" que es, según el narrador, "Una primera versión senil, cualquier cosa menos exhaustiva" (57-58) de su libro titulado *La lucha de los grupos en la fauna y en la flora* que fue retirado de las librerías por su propio autor, ya que ningún medio le había dedicado una reseña periodística. La intrincada, irónica, disparatada y totalmente contradictoria teoría del Profesor Olgiati ilustra y pone en escena el sinsentido de la Historia, y en especial, de toda teoría utópica o programa político. En una especie de parodia sarcástica del materialismo histórico, el "olgiatismo" se define como:

> [...] más simplemente metabolismo histórico, la teoría supone y demuestra precisamente la inevitabilidad del olgiatismo, entendido como estado ideal en el que todos los grupos se funden en uno solo, de modo que los conceptos de Estado, ley, dinero, caza, sexo, policía, sueldo y transformación de energía en calor y trabajo mecánico dejan de tener la menor función y, por así decir, desaparecen en la historia.[42] (59)

El "olgiatismo" se presenta como un estado ideal de estupidez, improductividad, e irracionalidad; una utopía cómica: "Último entre los grandes constructores de sistemas, Olgiati era también conocido como propietario de una fábrica de galletas [...]" (58), en esta "minuciosa, compleja, e improbable teoría génetico-económica" no se demuestra, obviamente, nada más que la idiotez histórica y la imposibilidad de predecirla más allá su irracionalidad:

> Fundamentalmente, los olgiatistas creen que la historia –llamada también meteorología social– está gobernada por unas leyes bioquímicas que la mente humana (léase Olgiati) debiera ser capaz de descubrir [...] Como sucede con frecuencia, hasta las dudas del Maestro se convierten en dogma para los discípulos. (59-60)

La degradación histórica está determinada, para el profesor, por diferentes factores llamados idealistas: "como el antagonismo deportivo, el sentido de la propiedad, el incesto extra-familiar y la prohibición de comer carne cruda [...]" (61). Es decir, la estupidez produce una lógica política propia, que cuando se postula como teoría racional de la historia cae en el peligro de ser, como el sistema de Olgiati, un "auténtico laberinto de causas y efectos en el cual resultaría imposible cualquier predicción" (62).

En "Liberación", relato que forma parte de *El estereoscopio de los solitarios*, Serten, "heredero de varias y cómodas fortunas, amante del deporte y la vida al aire libre" (30) decide, para liberarse de las ambiciones del hombre común, hacerse una lobotomía. Serten "ha cambiado y se ha perfeccionado" y se ha sometido a múltiples operaciones del cerebro que le hicieron perder todo sentido de la orientación, "del deber, la vergüenza, la

---

[42] El sentido común dictaría que en esta enumeración dijera "raza" en vez de "caza"; una muestra más de que para Wilcock, el sentido común es el más estúpido de los sentidos.

sugestión, el remordimiento, el miedo, la modestia, la piedad, el insomnio y otras anomalías similares" (32).[43] Como los idiotas idílicos del sanatorio del Dr. Attendu, Serten carece de la capacidad de razonamiento en la que se funda el vínculo social y toda concepción de la historia y de la comunidad.

Así es como en el relato "Elviridio Tatti", por ejemplo, personaje del mismo nombre ha adquirido la forma toroidal; y aunque no presenta signos de actividad mental sigue, sin embargo, respirando. Su característica más vital es que tiene un hedor repugnante. El narrador se pregunta, entonces, donde está el alma de Elvio y llega a la conclusión de que su alma es su hedor, y reflexiona: "¿y no ocurrirá lo mismo con todos nosotros, puesto que, como él, todos estamos mantenidos con vida en terapia intensiva, hasta la inevitable muerte biológica?" (*Libro de los monstruos* 80). Es que en la escritura-isla de Wilcock la historia, como Elviridio Tatti, no muestra ya signo de actividad mental; y cualquier imaginación utópica lleva inevitablemente al ridículo y la destrucción. Como afirma en el relato "Aaron Rosenblum":

> Los utopistas no reparan en medios; con tal de hacer feliz al hombre están dispuestos a matarle, torturarle, incinerarle, exiliarle, esterilizarle, descuartizarle, lobotomizarle, electrocutarle, enviarle a la guerra, bombardearle, etcétera: depende del plan. Reconforta pensar que, incluso sin plan, los hombres están y siempre estarán dispuestos a matar, torturar, incinerar, exiliar, esterilizar, descuartizar, bombardear, etcétera. (*La sinagoga* 22)

La relación entre utopía y estupidez se da en el terreno de lo político no solamente porque presenta un programa comunitario a futuro sino porque éste se realiza en una dimensión bélica (los utopistas vs. "el hombre"). Fredric Jameson subraya la utopía como concientización de los límites del entendimiento: "It suggests that at best Utopia can serve the negative purpose of making us more aware of our mental and ideological imprisonment [...] and that therefore the best Utopias are those that

---

[43] Este relato recuerda "Cirugía psíquica de extirpación" de Macedonio Fernández, en donde al personaje Cósimo Schmitz le extirpan "el sentido de futuridad" y sólo le queda la percepción del futuro de ocho minutos. Como en "Liberación", la imposibilidad de pensar el futuro es también un estado apolítico. La semejanza con las vivencias de Mör del cuento de Wilcock "En el espacio" también son interesantes.

fail the most comprehensively" (*Archaeologies* xii). Mostrar el límite del pensamiento político y utópico parece ser también el propósito de las distopías anti-comunitarias de Wilcock, no para proponer una nueva utopía, sino para mostrar su condición contradictoria, violenta, e ilusoria.

—o—

Una diferencia entre metamorfosis y viaje es que la primera no es un traslado de lugar sino de forma, es decir, condensa las características del viaje pero invertidas. No es el viajero en su desplazamiento que produce, en el encuentro con el otro, el saber y el poder para su dominación, sino que el sujeto de la metamorfosis se presenta como el otro mismo, exponiendo su "otredad" a los demás, invirtiendo las categorías epistemológicas y volviendo extraña la propia cultura y la vida en comunidad. Frente al volcán que echa lodo, la mariposa delgada como un papel, el asistente social al que le sale aceite por las tetillas, la masa informe de un hedor espantoso, el ser de forma toroidal, y toda la galería de metamorfosis, la sociedad persiste en comportarse como si estas transformaciones no se hubieran producido (e incluso en muchos casos son las características absurdas de estos seres lo que los hace famosos o exitosos) volviendo evidente lo absurdo de las relaciones humanas y la sociedad en su totalidad. La metamorfosis, entonces, es la forma más transgresiva de viaje, el viaje permanente en donde todas las certezas pierden su valor. Al mismo tiempo, el viaje es también una forma de metamorfosis, un proceso de desprendimiento de los hábitos y de la cultura que forman parte de la vida en común; pero sobre todo, en la escritura de Wilcock el viaje es el proceso mismo de transformación sin retorno, que marca la experiencia de la soledad profunda y el distanciamiento definitivo del vínculo con los demás.

Mör, personaje del relato "En el espacio" de *El estereoscopio de los solitarios*, fue enviado como una broma por sus amigos del club en una nave hacia el espacio en órbita parabólica. Mör se da cuenta de que no volverá nunca a la tierra y empieza a componer un largo poema titulado "Impresiones de viaje", pero no tiene lápiz y no puede escribir. Como en "La noche de Aix", la intensificación de su soledad es directamente proporcional a la imposibilidad de la escritura, o sea, de la comunicación de una experiencia o de la conexión con el mundo. Trata de memorizar el poema pero "cada veinte líneas que Mör agregaba se olvidaba de otras tantas" (67). El viaje es el medio para la metamorfosis del viajero y Mör comienza un proceso de introspección y de retrospección. Vuelve a la "tercera adolescencia":

> El placer de masturbarse en ausencia de la gravedad llenaba sus noches de presencias graciosas y dúctiles. [...] Dormía mucho, casi diez horas seguidas, y cada mañana cuando se despertaba, creía que se despertaba en un mundo nuevo. (66)

En el aislamiento de su nave vuelve al estado casi fetal, flotando en la soledad de la noche: "[...] enteramente ocupada en visiones a ojos cerrados, en una especie de cine personal, a veces erótico y a veces documental" (67).[44] Pasa quince años solo en la nave y todavía le quedan más de veinte. Pero:

> [...] no llegará, piensa, cuando piensa [...] sobre todo porque no tiene ganas. [...] Desde la partida le fue aclarado que su órbita era parabólica, o sea que no llegaría a ningún lugar. El viaje es todo, y la repetición; pero Mör se da cuenta ahora de que hasta la repetición comienza a empalidecer, a babear, a marchitarse, como un texto impreso demasiadas veces. (67)

Mör, aislado en una nave en forma de sandía con ventanas pintadas que no dan al exterior, no descubre nuevos mundos, planetas o sociedades utópicas que plantearían la promesa de un nuevo orden; descubre sin embargo, una verdad ineludible:

---

[44] Como he mencionado anteriormente, este relato tiene semejanzas con "Cirugía psíquica de extirpación" de Macedonio Fernández: "El futuro no vive, no existe para Cósimo Schmitz, el herrero, no le da alegría ni temor. El pasado, ausente el futuro, también palidece, porque la memoria apenas sirve; pero qué intenso, total, eterno el presente, no distraído en visiones ni imágenes de lo que ha de venir, ni en el pensamiento de que en seguida todo habrá pasado. Vivacidad, colorido, fuerza, delicia, exaltación de cada segundo de un presente en que está excluida toda mezcla así de recuerdos como de previsión; presente deslumbrador cuyos minutos valen por horas. En verdad no hay humano, salvo en los primeros meses de la infancia, que tenga noción remota de lo que es un presente sin memoria ni previsión; ni el amor ni la pasión, ni el viaje, ni la maravilla asumen la intensidad del tropel sensual de la infinita simultaneidad de estados del privilegiado del presente, prototípico, sin recuerdos ni presentimientos, sin sus inhibiciones o exhortaciones" (Fernández 87).

> La vida es siempre una broma: pero Mör tiene la ventaja de poderlo apreciar todo al mismo tiempo, de una sola mirada, o sea, sin fastidiosos altibajos de esperanzas y desilusiones. De todas formas es libre y dueño de sí mismo; como los muertos tiene la vida en sus manos. (65-66)

La perspectiva del *outsider*, o como hemos señalado, estereoscópica (como la del Dr. Attendu desde lo alto del Haut-les Aigues), representa la distancia, encarnada en la soledad, que separa al sujeto de la comunidad. Los viajeros y los monstruos de Wilcock revelan que toda comunicación con el otro es imposible, que toda vida en comunidad es insostenible. El hogar, el *oikos* como condición del viaje que garantiza su economía de ganancia o de pérdida, es una imposibilidad negada desde la escritura y que al mismo tiempo constituye una condición de la escritura. Como en el cuento "El etnógrafo" de Borges, no es posible escribir sobre el otro ni para el otro sin anular la esencia de la experiencia y de la escritura misma.

En "La noche de Aix" Falcone ejercita ese desprendimiento fuera de la civilización, esa experiencia de la soledad profunda de la que, como el cenicero más malvado de Italia, el hombre tan delgado como una hoja de papel, o Mör lanzado para toda la eternidad al espacio infinito, no se vuelve porque no hay lugar físico o afectivo adonde volver:

> […] Falcone se encontró de pronto con el primer café abierto. Entró, como se vuelve de la alta montaña deshabitada y lejana o de un desierto de arena; como si se hubiera encontrado con el primer café abierto después del diluvio o de una explosión atómica […] el joven noctámbulo dio por terminada su prueba de iniciación no del todo involuntaria, su ejercicio de desligamiento del ritmo social, *primera jornada de inversión* que con la ayuda de la suerte podría hacer de él un viajero sobre la tierra. (142-143; énfasis mío)

La condición esencial del viajero se da en la inversión y el "desligamiento" del ritmo social. Este ejercicio, que sólo es posible *después de volver de una montaña deshabitada y lejana, de un desierto de arena, del diluvio o una explosión atómica*, es el ejercicio de la escritura que se practica desde una distancia insalvable con la comunidad. Wilcock-Robinson escribe desde una isla desierta, no para reconstruir o recomenzar un mundo nuevo, sino para mirarlo con el estereoscopio que revela su profunda estupidez. Como señala el personaje-escritor "Yves de Lalande": "La idea de escribir por sí solo una cosa tan compleja y variada como una novela, tan llena de humores y situaciones y puntos de vista diferentes, parecía tarea más adecuada para un Robinson Crusoe […]" (*La sinagoga* 115) Tanto la metamorfosis como el viaje construyen un espacio distópico, una isla en el cual se evalúa la Historia como ficción. La vida en comunidad es una broma vista desde afuera, desde arriba, desde un terreno baldío francés, una nave en forma de sandía y desde los ojos de un hombre chato como una mariposa. Los lectores de Wilcock no podemos dejar de percibir lo absurdo de la Historia, ya que sus personajes ponen en evidencia el lado siniestro de la comunidad, su falta o vacío; en palabras de Roberto Esposito:

> […] para todas estas filosofías la comunidad es un "pleno" o un "todo" […] O, por otra parte, con una terminología distinta sólo en apariencia, la comunidad es un bien, un valor, una esencia que –según los casos– se puede perder y reencontrar como algo que nos perteneció en otro tiempo y que por eso podrá volver a pertenecernos. Como un origen a añorar, o un destino a prefigurar […] (*Communitas* 23)

La metamorfosis interrumpe la temporalidad de la comunidad, su proyección a futuro fundada en la utopía de progreso de la vida en sociedad. Después de todo, el futuro depende de la construcción de una voluntad colectiva o de una ideología comunitaria. El porvenir es siempre tan absurdo como el presente. Por eso el disc-jokey Nuno Tuno, convertido en una crisálida, colgando cabeza para abajo en un cuartito de la RAI, desempeña las funciones de falso oráculo, ya que "Estas predicciones no siempre se cumplen y de todos modos pronto se comprobó que a la gente no le gusta saber lo que va a pasar, sobre todo si luego no sucede" (Wilcock, *El libro de los monstruos* 138).

La ironía de esta afirmación sugiere la incapacidad del lenguaje de representar algo que lo trascienda, que no sea más que el absurdo de la intención misma. Es así como el narrador afirma que Nuno Tuno "había anunciado la muerte del Presidente del Consejo y luego se comprobó que no estaba a punto de morir sino todo lo contrario" (138). ¿Qué es lo contrario de morir? En el caso de Nuno, transformarse, encarnar la irracionalidad de la vida en comunidad en la propia negación de la forma humana y el aislamiento, colgando cabeza abajo en su cuartito "en espera de que algo salga de él" (138).

Los viajes y metamorfosis de estos personajes parecen repetir incansablemente la pregunta que formula Freud en su ensayo sobre lo siniestro: "[…] what is the origin of the uncanny effect of silence, darkness and solitude?" (153). El origen de este efecto siniestro es precisamente la idea de comunidad como origen o como mito: el mito de la plenitud de la comunidad en la escritura de Wilcock es un absurdo y un imposible. Por eso sus personajes están irremediablemente solos, en un viaje de ida que ha perdido el hogar porque como afirma Borges en "Nueva refutación del tiempo", sólo se pierde lo que realmente nunca se ha tenido.

CAPÍTULO II

Piñera preferiría...

> *The world in which one is bored– "So what if one is bored! What influence can possibly have? "What influence! What influence, boredom with us? But an enormous influence... a decisive influence!"*
> Édouard Pailleron
> *Le Monde où l'on s'ennuie: comédie en trois actes*

I. Miedo, *parrhesia* y anti-heroísmo

En sus memorias tituladas *La vida tal cual* (1990*)*, Virgilio Piñera (Cárdenas, 1912-La Habana, 1979) escribió lo siguiente:

> No bien tuve la edad exigida para que el pensamiento se traduzca en algo más que soltar la baba y agitar los bracitos, me enteré de tres cosas lo bastante sucias como para no poderme lavar jamás de las mismas. Aprendí que era pobre, que era homosexual, y que me gustaba el arte. (ctdo. en Anderson, *Everything in its Place* 19)

Estas serán tres constantes en su vida que de alguna manera definirán también su obra, y por sobre todo, una ética de acción y pensamiento que guían su escritura y configuran su imagen de escritor. Thomas F. Anderson, en su completísimo estudio *Everything in its Place. The Life and Works of Virgilio Piñera* (2006), describe la primera etapa de su formación como escritor en Cuba, su exilio en Buenos Aires y su relación con el canon literario, como la de un inconformista y *provocateur*.[45] Piñera cuestiona la postura ideológica católica de Lezama Lima en la revista *Orígenes*, y anteriormente a ésta publicación, en la revista *Espuela de Plata* (1939-1941), igualmente fundada por Lezama. También cuestiona la ética de escritura de Jorge Mañach, la del poeta Gastón Baquero –para el cual el escritor acuñó la frase "el baquerismo literario" que denota "the confusing, conformist, and dishonest approach to literature and culture" (Anderson, *Everything in its Place* 36)– y critica el "tantalismo literario" de Borges

---

[45] Piñera vivió en Argentina en tres períodos: 1946-47, 1950-54, y 1955-58. De esos doce años, volvió a Cuba varias veces y pasó más de tres años en su país natal.

y el grupo *Sur* (especialmente en el panfleto escrito junto con Witold Gombrowicz titulado *Victrola: Revista de la insistencia*, en referencia a Victoria Ocampo).[46] Así, en sus ensayos Piñera demuestra una insistencia en la mirada crítica al *establishment*, una postura ética con respecto a la literatura, la sexualidad, la política, el arte; y sobre todo, una hermenéutica del rol de escritor y de la literatura.

Estos textos materializan, además, las ideas y la ética de conducta del escritor cubano: la resistencia a seguir los modelos apelmazados de grupos y capillas literarias, la negación al simulacro de una sexualidad equívoca (v.gr. el ensayo sobre Emilio Ballagas, entre otros escritos), la férrea oposición a la capitulación y el conformismo literario (expresada también en su carta a Jorge Mañach) que, como señala Thomas F. Anderson, se repite en los ensayos "El secreto de Kafka" (1945), "El país del arte" (1947) y "Aviso a los conformistas" (1959) afirmando que "the essence of good literature is innovation and originality opposed to imitation" (41). Anderson hace hincapié en la figura contestaria, provocadora, irrespetuosa, inconformista y crítica de Piñera en los años de sus polémicas con *Orígenes*, cuando criticaba el canon literario desde la Revista *Ciclón* y *Lunes* (suplemento del diario *Revolución*), anteriores a la institucionalización de la Revolución Cubana, y de su estadía en Buenos Aires.[47]

La ética de escritura del Piñera pre-revolución, su concepción de la función de la literatura como invención, sin embargo, no cambia

---

[46] Recordemos que Gombrowicz nombró a Piñera como "Presidente" del Comité de Traducción de su novela *Ferdydurke* en Buenos Aires.

[47] Véase también el artículo "Virgilio Piñera contra la poesía" (2012) de Noel Luna, publicado en el *dossier* de *La Habana Elegante*. Escribe Luna: "Guillermo Cabrera Infante caracterizó a Virgilio Piñera (1912-1979) como 'pendenciero' y como 'hombre de lengua peligrosa y pluma bífida'. Antón Arrufat lo llama 'el eterno insumiso'; Reinaldo Arenas lo catalogaba de 'eterno disidente', 'inconforme constante', 'rebelde incesante', y describía su obra como una 'sedición', una 'sublevación contra todo aquello que nos reduce'. Antonio José Ponte señala que Piñera 'escribía negando' y Abilio Estévez lo llama 'francotirador' y 'nadador a contracorriente'. Dichos testimonios configuran un glosario de la inconformidad que constituía el impulso vital de Piñera. Como ha señalado Enrico Mario Santí, la obra de Piñera resulta incomprensible si 'no entendemos a fondo su carácter crítico y polémico. Se trata, ante todo, de una obra acrática, anti-burguesa, y contra-oficial cuyo efecto final es la constitución de un contra-discurso'".

radicalmente después de su "muerte civil" en la Cuba post-revolucionaria de los años sesenta y setenta.[48] La representación de la política y lo político, la idea de comunidad y sacrificio heroico que se perfilan en la novela *La carne de René* (1952) y *Pequeñas maniobras* (1958, publicada en 1963) y también en algunos de sus cuentos y sus obras teatrales, son una muestra de las preocupaciones que acompañaron al escritor cubano en épocas de agitación política como la dictadura de Batista en Cuba, o el golpe de estado de la "Revolución Libertadora" que derrocó al Peronismo cuando Piñera todavía residía en Argentina.[49] Como nota Noel Luna: "En todo caso, su rebeldía y su marginación no nacieron con la Revolución Cubana, sino mucho antes". Es por eso tal vez, que Piñera sintió que la revolución era un acontecimiento (en el sentido que le da Alain Badiou) que permitiría la libertad de expresión del arte y del sujeto, que abriría las puertas a lo impredecible en el terreno de la política y de la cultura y también en su carrera como escritor.

La revolución implicó la esperanza de innovación literaria y de un nuevo espíritu que significaba el rechazo de todo cliché y conformismo literario. Paradójicamente, a pesar de ciertos escritos suyos apoyando la idea de "Revolución plena, Revolución confirmada, la Revolución permanente" (Piñera, "El arte hecho revolución, la revolución hecha arte", ctdo. en Anderson 92), después del cierre del periódico *Revolución*, de las "Palabras a los intelectuales" (1961), del endurecimiento ideológico, la persecución a los homosexuales y el mismo arresto de Piñera (y de "La

---

[48] La idea de "muerte civil" aparece en la conferencia "Cuba y la literatura" organizada por Borges, en Mayo de 1952 en Argentina. En esta presentación Piñera evalúa la situación de la literatura cubana y dice: "Niego que haya tal literatura cubana ya que día a día sufro esa terrible muerte civil del escritor que no tiene una verdadera literatura que lo respalde" (ctdo. en Anderson, *Everything in its Place* 64).

[49] En una carta a Rodríguez Feo, Piñera escribe: "Estoy bastante deprimido pues sabes que esta ciudad no la trago con sus brumas y tristezas… Además lo político es muy malo. Ya estarás enterado del cambio de Lonardi a Aramburo [*sic*]. En el fondo el país está gobernado por los militares. Hay conatos de huelga que no sabemos cómo sofoca el gobierno pero que probablemente serán reprimidos todos sangrientamente, como es típico de esos casos. Todo el mundo habla de la posibilidad de una Guerra Civil" (ctdo. en Anderson 81).

noche de las tres P" en 1961),[50] la suerte personal y la perspectiva política de Piñera cambiaron drásticamente con respecto a las posibilidades de la revolución, junto con las tendencias ideológicas y las políticas culturales del gobierno, que se endurecieron en una institucionalización de la cultura y el arte.

Me interesa indagar aquí específicamente cómo se expresa la ética de escritura de Piñera en el momento revolucionario, y en particular, cómo las tendencias con respecto a la representación de la política y lo político, ya presentes en algunos de sus textos anteriores a 1959, se relacionan con la lógica de lo político como antagonismo bélico; es decir, qué intensidades o silencios ponen de relieve el momento revolucionario en las representaciones de los afectos y de lo político. En este capítulo analizaré cómo las representaciones de ciertas experiencias, estados y afectos negativos (miedo, aburrimiento, apatía, estupidez) interrumpen la lógica del antagonismo de lo político y la del discurso hegemónico revolucionario basado en la moral del sacrificio, la productividad y el compromiso. Propongo que, junto con otros afectos negativos, la representación del miedo, la apatía y el aburrimiento, constituyen una táctica para desarmar y desmitificar el discurso de lo político y de un "nosotros" que éste crea.

¿Puede el miedo operar como mecanismo (im)político? Y más precisamente, ¿cómo funciona, qué efectos tiene en el campo discursivo de lo político? En las "Palabras a los intelectuales" (1961) Fidel Castro se dirige a los presentes de esta manera:[51]

> Compañeras y compañeros:
>
> Después de tres sesiones en que se ha estado discutiendo este problema, en que se han planteado muchas cosas de interés, que muchas de ellas han sido discutidas aunque otras hayan quedado sin respuesta –aunque materialmente era

---

[50] Las tres P significaron: Prostitutas, proxenetas y pederastas.
[51] Discurso pronunciado por el Comandante Fidel Castro, como conclusión de las reuniones con los intelectuales cubanos en la Biblioteca Nacional el 16, 23 y 30 de junio de 1961. En este año también comienza la campaña de alfabetización nacional, es el triunfo sobre la invasión de Playa Girón y se organiza el Consejo Nacional de Cultura y la Unión de Escritores y Artistas de Cuba.

imposible abordar todas y cada una de las cosas que se han planteado–, nos ha tocado a nosotros, a la vez, nuestro turno; no como la persona más autorizada para hablar sobre esta materia, pero sí, *tratándose de una reunión entre ustedes y nosotros*, por la necesidad de que expresemos aquí también algunos puntos de vista. (Castro, "Palabras"; énfasis mío)

Desde el inicio queda claro que el líder está hablando desde un "nosotros" que define una jerarquía discursiva: su estrategia retórica es delimitar el nosotros/ellos en la enunciación de la pregunta ¿quién?:

> La existencia de una autoridad en el orden cultural no significa que haya una razón para preocuparse del abuso de esa autoridad, porque ¿quién es el que quiere o el que desea que esa autoridad cultural no exista? Por el mismo camino podría aspirar a que no existiera la milicia, que no existiera la policía, que no existiera el poder del Estado y que incluso no existiera el Estado. Y si a alguien le preocupa tanto que no exista la menor autoridad estatal, entonces que no se preocupe, que tenga paciencia, que ya llegará el día en que el Estado tampoco exista.

"¿Quién?" es una pregunta retórica, parte de una estrategia discursiva de delimitación de lo político que interpela al otro (en el sentido que Althusser le da al término) y lo constituye como enemigo. "¿Quién?" produce al sujeto de la ideología: la policía, la milicia, el poder del Estado son figuras de interpelación de un sujeto que, al responder a esta pregunta, se posiciona automáticamente como el enemigo. Esta estrategia "naturaliza" la retórica de lo político porque, ¿quién sino *ellos*, los contrarrevolucionarios, son los enemigos de la Revolución? Fidel lo hace explícito en sus "Palabras a los intelectuales": "[...] Creo que esto es bien claro. ¿Cuáles son los derechos de los escritores y de los artistas, revolucionarios o no revolucionarios? Dentro de la Revolución, todo; contra la Revolución, ningún derecho", afirma.

En las "Palabras a los intelectuales" la figura del miedo se constituye como un sentimiento que se opone a la racionalidad institucional: el miedo, la duda y la desconfianza no pueden pertenecer al *nosotros* revolucionario porque cuestionan la autoridad institucional que, por sobre todo, se postula como el único canal de (auto)crítica posible. En referencia a las críticas que surgieron de la prohibición el documental *P.M.*

de Orlando Jiménez Leal y Sabá Cabrera Infante sobre la homosexualidad en Cuba, Fidel Castro afirma:[52]

> El gobierno actuando en ejercicio de un derecho o de una función que le corresponda no tiene que ser necesariamente infalible. Pero, ¿quién es el que tiene tantas reservas con respecto al gobierno? ¿Quién es el que tiene tantas dudas? ¿Quién es el que tiene tanta sospecha con respecto al Gobierno Revolucionario y quién es el que desconfía tanto del Gobierno Revolucionario, que aun cuando pensara que estaba equivocada una decisión suya piense que constituye un peligro y constituye *un verdadero motivo de terror* el pensar que el gobierno pueda siempre equivocarse? (Castro; énfasis mío)

"Yo solo sé que tengo miedo, mucho miedo", dice Piñera que estaba entre los asistentes, al término de "Las palabras a los intelectuales" de Castro. Piñera interpone un gesto que se asemeja a lo que Foucault identifica en los textos clásicos como *parrhesia*, una forma de discurso en el cual el que habla manifiesta su opinión evitando toda forma retórica que podría disfrazarla. El *parrhesiastes* dice algo que es peligroso para sí mismo y, por lo tanto, su acto de enunciación, más allá del enunciado, involucra un riesgo. Dice lo que piensa que es verdad, por lo cual una de las características de la *parrhesia* es la coincidencia entre lo que el hablante cree y la verdad. Esta certeza se verifica por la posesión de ciertas cualidades morales que prueban que el que enuncia tiene acceso a la verdad; pero además, la prueba de la sinceridad del *parrhesiastes* es su coraje, así, el hecho de que dice algo peligroso para sí mismo es una indicación de su posición de *parrhesiastes*.

Foucault da como ejemplo de este gesto al filósofo que dice la verdad al tirano, enunciando que la tiranía es incompatible con la justicia: "[...] the philosopher speaks the truth, believes he is speaking the truth, and, more than that, also takes a *risk* (since the tyrant may become angry, may

---

[52] Filmado en 1961, el documental fue censurado por obsceno y antirrevolucionario. Al respecto, declara Jiménez Leal (quien tenía 19 años cuando filmó *P.M.*): "Creo que precisamente una de las cosas que les molestó [al gobierno] fue que ese pueblo heroico, en el cual Castro y toda la dirigencia revolucionaria basaba su revolución, era en realidad un pueblo rumbero, un pueblo al que le hubiera gustado que esa revolución terminara en una pachanga y no en ese cortejo de muertes y de exilio".

punish him, may exile him, may kill him)" (*Fearless Speech* 16; énfasis en el original). La *parrhesia* demanda el coraje de decir la verdad a pesar del peligro y por esta razón, el poderoso no puede usar la *parrhesia* ya que no arriesga nada. Su función no es necesariamente la de demostrar una verdad, sino de ejercer un criticismo en el cual el que habla está en posición subalterna con respecto al interlocutor. *Parrhesia* va de abajo hacia arriba y está relacionada con un "deber": el *parrhesiastes* es libre de permanecer en silencio. Foucault lo sintetiza de esta manera: el hablante tiene una relación específica con la verdad, con el peligro (de perder la vida), con el criticismo, con la ley y la moral a través de la libertad y el deber (19).

Piñera, como *parrhesiastes*, revela la contradicción en la retórica de la "moral" en el discurso revolucionario. Aquí, es importante tener en cuenta la oposición entre *parrhesia* y retórica porque, como señala Foucault, la "falta de ornamentación" se relaciona directamente con decir la verdad. La moral es un eje discursivo de gran importancia en las "Palabras a los intelectuales" que remarca repetidas veces el valor moral de los escritores "honestos": los intelectuales honestos no son necesariamente revolucionarios, pero no son tampoco contrarrevolucionarios. Fidel usa el significante "honesto" como adjetivo de "artista" ubicando así la dicotomía de lo político en el terreno de la moral: los artistas "honestos" puede que no sean revolucionarios, pero siempre que no estén en contra de la Revolución no constituyen una amenaza.

Las "Palabras a los intelectuales" articulan la retórica hegemónica de la Revolución (la operación semántica de encarnación de un particular en universal: revolución, pueblo, honestidad, sacrificio) con la lógica de lo político (nosotros/ellos).[53] En esta maniobra discursiva la Revolución trasciende los límites del presente y se vuelve Historia, utopía que en este caso se encarna en la figura del temor:

---

[53] Me refiero a la idea de "relación hegemónica" de Ernesto Laclau: "[…] la relación por la que una diferencia particular asume la representación de una totalidad imposible y enteramente inconmensurable con ella, es lo que llamo una relación hegemónica" (*Misticismo, retórica y política* 69). La hegemonía para Laclau, tiende a "totalización hegemónica" y esto es lo que le da su dimensión de poder (78).

> Y no nos apresuremos en juzgar la obra nuestra, que ya tendremos jueces de sobra. Y a lo que hay que temerle no es a ese supuesto juez autoritario, verdugo de la cultura, imaginario, que hemos elaborado aquí. Teman a otros jueces mucho más temibles: ¡Teman a los jueces de la posteridad, teman a las generaciones futuras que serán, al fin y al cabo, las encargadas de decir la última palabra! (Castro, "Palabras")

¿Cómo opera entonces la *parrhesia* frente a este discurso? ¿De qué manera interrumpe el antagonismo de lo político? Por un lado, al exponerse como *parrhesiastes*, Piñera revierte el valor moral del significante "honestidad": los artistas honestos no son (solamente) los que apoyan a la Revolución, sino aquellos que dicen lo que piensan, que enuncian una verdad a riesgo de perder la vida. Por otro lado, rompe con el sentido trascendente de la Historia y su correlato de apropiación del futuro ("teman a los jueces de la posteridad"); así, *interpone el miedo como afecto que interrumpe la racionalidad revolucionaria*, pero además, se ofrece como sujeto interpelado por la ideología organizada en el antagonismo de lo político, ya que "¿quién?" es la pregunta por el enemigo *abstracto*, la figura móvil y ambigua de un "ellos" que gana su fuerza retórica en la ubicuidad:

> ¿Y quién no cambiaría el presente –¡quién no cambiaría incluso su propio presente!– por ese futuro? ¿Quién no sacrificaría lo suyo por ese futuro y quién que tenga sensibilidad artística no está dispuesto, igual que el combatiente que muere en una batalla sabiendo que él muere, que él deja de existir físicamente para abonar con su sangre el camino del triunfo de sus semejantes, de su pueblo?
>
> Piensen en el combatiente que muere peleando: sacrifica todo lo que tiene, sacrifica su vida, sacrifica su familia, sacrifica su esposa, sacrifica sus hijos. ¿Para qué? Para que podamos hacer todas estas cosas. ¿Y quién que tenga sensibilidad humana, sensibilidad artística no piensa que por hacer eso vale la pena hacer los sacrificios que sean necesarios? (Castro)

La paradoja de la enunciación del miedo de Piñera es la siguiente: el *parrhesiastes* abre una brecha entre el enunciado y la enunciación, porque hace falta coraje para decir "tengo miedo" (y ofrecerse como encarnación concreta y singular del enemigo, desmitificándolo); pero es justamente en esta brecha de la enunciación que se devela lo irónico de la lógica de lo político. Es necesario aclarar, como hemos mencionado en capítulos anteriores, que en la concepción de Schmitt el enemigo es de naturaleza colectiva y pública; es decir, no es una persona en particular, sino un tipo de "agrupamiento" que depende de la decisión del Estado y de la posibilidad siempre presente de la guerra. En este sentido, la respuesta de Piñera a la interpelación de Fidel Castro ("¿[...] quién que tenga sensibilidad artística no está dispuesto, igual que el combatiente que muere en una batalla?") es doblemente compleja.

A la pregunta "¿quién?", Piñera dice "yo" (tengo la sensibilidad artística y no tengo la disposición del combatiente, pero sí "tengo mucho miedo"). Piñera no teme a la Historia o a las generaciones venideras, desconfía de un futuro signado por la utopía triunfante ("¿quién no cambiaría su propio presente por ese futuro?"): teme *aquí y ahora*, en el presente de la enunciación, en el contexto concreto de las "Palabras a los intelectuales", y ese temor puede leerse también como cifra de su escritura que enuncia una verdad a riesgo de la propia vida.

Es interesante leer esta imagen del temor que congela el presente y que es recurrente en toda la escritura de Piñera. Ésta, a contrapelo de lo que Juan Carlos Quintero Herencia identifica como las imágenes del acontecer revolucionario en Cuba, crea una suerte de "epifanía de la visibilidad":

> El poder institucional revolucionario armará una suerte de régimen óptico [...] convencido de la luminosidad absoluta a la que advendrá la Nación o el Estado cubano en su avatar revolucionario, producirá relatos morales e históricos sobre el orden de lo real en la Isla reservándose como lugar de autorización ese espacio-tiempo del futuro. Podría decirse que dicho poder institucional ocupa, militarmente, el sentido del futuro. (14)

El crítico puertorriqueño se pregunta de qué otra manera podría interpretarse esta "presencia lumínica" de la revolución que lleva al "deslumbramiento como triunfo", revelación que ocupa el sentido del futuro y "entrecomilla la realidad o el sentido del presente" (Quintero Herencia 19). Plantea, entonces, una visión alternativa a este triunfalismo revolucionario, que sería leerlo como "un síntoma de muerte de una cierta subjetividad pública" (20).

La respuesta de Piñera a las "Palabras a los intelectuales" funciona como paradigma para leer las tácticas específicas de escritura que conforman el desarme de los antagonismos de lo político. Propongo leer la escena de *parrhesia* como un paradigma de la muerte de esa subjetividad pública. Esta subjetividad se presenta en los textos de Piñera en afectos y experiencias negativas que reelaboran la relación entre la moral revolucionaria y el futuro como destino "luminoso", lo que es fundamental para el análisis de las representaciones del aburrimiento y la apatía del no-compromiso que haremos más adelante. De esta manera, la interrupción del futuro "militarizado" de la Revolución por el aquí y ahora del miedo, que se perfila en la producción narrativa de Piñera, abre también posibilidades de interpretación desde la categoría de lo impolítico.

II. El chicle, la canasta y los capuchones

Mucho se ha escrito sobre las condiciones de producción y circulación de los textos de Piñera en la Cuba post-revolucionaria; inclusive se ha denominado su situación como "muerte en vida" o lo que él mismo llamó "muerte civil",[54] en referencia al silencio público con respecto a su figura de autor y a la prohibición de publicación de sus obras. Este contexto de aislamiento personal y profesional facilita una lectura alegórica de su escritura, especialmente de los temas de la soledad, el miedo, el absurdo de la vida cotidiana, la fragmentación del cuerpo, la sexualidad y la carne. Propongo desviarnos de la línea alegórica para considerar ciertas representaciones paradigmáticas y constantes en la escritura de Piñera —más allá de su referencia a la situación personal y política del escritor— como categorías de análisis que indagan en la función de una escritura específicamente impolítica.

De esta manera, los paradigmas que se analizarán en este capítulo no se relacionan con la historia como máscaras propias de un sentido alegórico que permanece oculto o reprimido, ni tampoco como el fantasma de

---

[54] "No solo estábamos muertos en vida; parecíamos no haber nacido nunca", son las palabras de Antón Arrufat quien cita a Rita Molinero al referirse a la marginación del período del quinquenio gris (1970-1975) (19).

un pasado que irrumpe en el presente para ser re-interpretado o, como señala Erin Graff-Zivin, como un "modo de significación" que mediante la representación de la historia expone el presente como "fuera de lugar".[55]

Por lo tanto, la alegoría comparte analogías con una operación hegemónica, en el sentido que le da Laclau cuando afirma que en esta operación un particular encarna un universal inconmensurable con éste. En la escritura de Piñera la alegoría es un componente más de la ironía, o si se quiere, un primer nivel de lectura que abre el acceso a una experiencia menos mecánica, menos obvia, y sobre todo, menos heroica, que evita las resonancias morales que implica la enunciación de una verdad universal.[56] Desde este punto de vista, podemos leer las representaciones del miedo (y el personaje del anti-héroe), la apatía (y su correlato de la improductividad) y el tedio (y su correlato de la anti-comunidad) en relación analógica al discurso hegemónico revolucionario basado en los valores morales del sacrificio, el trabajo y el heroísmo. Es decir, estas imágenes hacen inteligible una lectura contemporánea de la lógica de lo político en la Cuba postrevolucionaria de los años sesenta y setenta.

En lo que sigue, nos centraremos en las novelas *Pequeñas maniobras* (1963) y *Presiones y diamantes* (1967), publicadas en un período en el que se institucionaliza en Cuba un endurecimiento ideológico y una política cultural con formas de regulación cada vez más rígidas, que tiene

---

[55] Así también Graff-Zivin afirma: "[…] allegory functions as a *mode of signification* that exhibits a constitutive aporetic quality, in which the representation of "history" sets the stage for the arrival (from the past as absolute future) of an unexpected event that, through productive anachronism, exposes time (the present) as 'out of joint'" (59).

[56] Para una mejor comprensión de este tema, y en particular, de las posiciones teóricas-críticas de la lectura alegórica de la literatura por Gilles Deleuze y Derek Attridge, véase el ensayo de Gert Buelens y Dominiek Hoens, para quienes la problemática de la lectura alegórica como "la regla" y la singularidad del texto como "la excepción" se resuelve en la literatura como "evento": "[Derek] Attridge has argued for a type of reading that does not reduce literature to an allegory of meaning. Literature is not something that simply exists–waiting for a theoretician who will use it as an illustration or for a reader who will only understand what he or she already knows– but is an *event*, something that brings something new into a given situation. This singularity does not turn literature into something that is altogether irrelevant for theory. On the contrary, precisely because it escapes, or at least resists, interpretative schemes, literature forces the reader to question them" (159).

su momento nefasto en 1971 con la "declaración de culpas" de Heriberto Padilla y la declaración del Primer Congreso Nacional de Educación y Cultura en la Habana ese mismo año.[57] *Presiones y diamantes* es la historia de "la gran conspiración de la tierra" como "resultado lógico de las grandes presiones". La gente comienza a encontrar maneras de escapar de las presiones de la vida (juegan canasta, mascan chicle, se esconden, se congelan). Por último, optan por meterse en unos "capuchones" inflados y lanzarse al espacio para después desintegrarse (hay también otras teorías que afirman que se lanzaron al mar, o que se instalaron en otro planeta). En definitiva, es la historia de cómo desaparece la humanidad por voluntad propia.

Una primera lectura alegórica sugiere que la novela se refiere a las presiones del gobierno y la sociedad, a la imposibilidad de cambio –y de la revolución– y también a las dificultades de expresión en una sociedad en la cual nadie quiere hablar, y mucho menos escuchar al otro. Esta lectura es sin duda política, ya que estructura la interpretación desde la correspondencia entre literatura y sociedad, y las implicancias de sentido de la primera respecto a la segunda. Como los temas son políticos, la literatura cumple una función sesgada de denuncia o comentario. Sin embargo, nos interesa desviarnos de esta lectura e indagar de qué manera se desarregla la narrativa política para ser reemplazada por un absurdo que la desfamiliariza. Específicamente, qué figuras y representaciones funcionan como paradigmas que bloquean la lógica de lo político, y cómo se resemantiza su retórica hegemónica. No queda otra opción entonces que indagar en el *chiclet*, la canasta, el hielo y los capuchones de aire.

El protagonista de la novela conversa en un bar con un desconocido que le habla de las "presiones", de cómo los seres humanos presionan y son presionados, ya que nadie puede escapar a este mecanismo "presionador". El desconocido lo interpela: "¿Qué tiene usted que decir sobre esta

---

[57] Thomas Anderson señala que la novela fue escrita en 1958, cuando Piñera estaba en Argentina, después del golpe de estado a Perón. Creemos que, por un lado, las circunstancias políticas de su contexto de producción, y las de su contexto de publicación en el '63, son significativas para una lectura (im)política.

presión escandalosa? ¿Está conforme con ella? O, por el contrario, ¿piensa rebelarse?" (Piñera, *Presiones* 12). Estas preguntas "a quemarropa" (11) producen un sujeto "presionado" que se encuentra en una sociedad cada vez más "presionada", donde los efectos de la presión hacen que los sujetos se aíslen cada vez más hasta desaparecer completamente (las repeticiones en la novela de las palabras "presión", "presionador", "presionado", "presionófilo", etc. forman parte también del "efecto de presión" hacia el lector).

El protagonista –que busca en vano la solución al problema de las presiones y que, a su vez, se siente presionado–, simula ser la figura del héroe, en este caso frustrado, de cuya impotencia no se deriva ninguna propuesta o solución utópica para terminar con la "conspiración". Es evidente que encarna la figura del anti-héroe que, de la misma manera que el protagonista de *Pequeñas maniobras*, siente hastío y apatía frente a lo absurdo de la vida: "el secreto está en dejarnos gastar por la vida hasta convertirnos en un montón de cenizas", dice Sebastián (22). La apatía impide la comunicación y el contacto humano en general, los cuales son reemplazados primero por el chicle y la canasta y después por el encogimiento, el hielo y los capuchones.

Presiones y diamantes narra la progresiva desaparición de los vínculos afectivos y sociales, que se desintegran rápidamente una vez eliminada una figura fundamental de sociabilidad: la conversación. La inactividad, la apatía y el vacío espiritual comienzan con un simulacro; es decir, la mascada masiva y pasiva de chicles que parodian el habla en silencio, un movimiento gestual que no comunica pero que posee aún un sentido de mímica:

> Por sucesivas eliminaciones habíamos arribado a la impavidez [...] la comunicación resultaba tan precaria que cada vez más las palabras querían decir menos y ya se notaba el temor de unos y de otros a aventurarse en los abismos de una conversación. Un modo de llenar estas lagunas era la continuada masticación de *chiclets*. ¿Sería posible que el hombre mismo hubiese fabricado un producto que recordaba la masticación de la vaca? (25)

El miedo a la conversación que busca solucionarse con la masticación del chicle tiene sin embargo un límite; terminado el chicle, empieza la conversación. No obstante, ésta se hace imposible porque a la masticación se le agrega otro simulacro de reunión: el juego de canasta. Rumiar chicle y jugar canasta representan todavía un *aislamiento en comunión*, es decir, la gente se congrega aunque sea solamente para reproducir los gestos vacíos de masticación e intercambio de cartas. Este estado es también una clave para leer la ética literaria de Piñera. El "efecto anestésico" (31) del juego tiene una función principal: "Todo dolor moral es 'dormido' por la canasta" (31), explica Raymond al protagonista de la novela. En una primera fase, entonces, el silencio y la imposibilidad de comunicación con el prójimo marcan el rumbo de la conspiración.

En una lectura (política) alegórica, se interpretaría este silencio como una alusión a la represión que ejerció el aparato burocrático del Estado en Cuba, y en especial, a la situación de Piñera en ese contexto político. Sin embargo, conviene considerar lo que señala Althusser: "Now this is quite a familiar and banal discourse, but at the same time quite a surprising one" (51). Así, al examinar los sucesos que llevan a la conspiración podemos identificar una paradoja en la lógica de los hechos: la definición misma de conspiración conlleva un sentido de comunidad y comunicación entre los conspiradores que, por un lado, se ponen de acuerdo en un plan común para derrocar o destituir un sistema (político, social, económico, de poder); y por otro, en el que se hallan implícitas la nociones de acción y de ideología, dos conceptos que precisamente no aparecen en la novela.

El "efecto anestésico" del chicle y la canasta es lo contrario de la conspiración; por lo tanto, una lectura alegórica no alcanza a captar las significaciones impolíticas del texto, ni puede identificar la paradoja en la interpretación política. Esta paradoja sugiere una crisis de representación que es justamente propia de lo impolítico. Así, el "efecto anestésico" de *Presiones y diamantes* (y también, como veremos, de *Pequeñas maniobras*) pone en escena la negación de la correspondencia entre bien y poder: el complot no supone una revolución o una toma de poder, sino que justamente desfamiliariza la lucha política, la vuelve absurda, y de esta manera, evade asignarle un valor, niega su trascendencia y la posibilidad utópica de un nuevo sistema o propuesta ideológica propias de la revolución. Es, en definitiva, un complot para la nada.

¿En qué sentido decimos que evade asignarle un valor a la lucha política? La conspiración, de la misma manera que, por ejemplo, "la causa por el chocolate" en la novela *La carne de René* (1952),[58] ironiza y vuelve absurdo los antagonismos propios de lo político, al mismo tiempo que, banalizando y desfamiliarizando los significantes vacíos de la retórica política (rebelión, "Causa", conspiración, lucha, libertad, persecución, presión, etc.), bloquea toda trascendencia de su campo de significación, muestra su artificialidad y la limita a su ser lo que es. Esta operación no implica, sin embargo, ninguna propuesta ideológica (es decir, no le asigna un valor); en *Presiones y diamantes* la humanidad desaparece por voluntad propia; pero, paradójicamente, llevada por la apatía, el tedio y la inactividad.

Después del juego de canasta se pone de moda el "encogimiento" en el cual las personas literalmente se repliegan sobre sí mismas; pero, como si este aislamiento no fuera del todo suficiente, la etapa siguiente de la conspiración es la "hibernación" en la que el viajero se desplaza no en el espacio, sino en el tiempo, congelado en un bloque de hielo. "Es un modo de existir sin saberlo", dice Henry al protagonista de *Presiones,* "Qué quieres [...] la gente tiene derecho de defenderse, la gente suprime aquello que la mata, la gente no quiere problemas, quiere vivir sin problemas", afirma Henry (50). El viaje congelado es lo contrario de un viaje, así como la conspiración es lo contrario de una conspiración, y el héroe de la historia es un antihéroe: "he decidido convertirme en agitador público" (71), declara; pero, en ese momento, frustrado por la indiferencia de la

---

[58] El padre explica al hijo la lucha por la "Causa": "–El jefe que ahora me persigue, hace muchos años logró, tras cruenta lucha, abatir al poderoso y feroz jefe que tenía prohibido en sus estados, so pena de muerte, el uso del chocolate. Éste mantenía rigurosamente tal prohibición que se remontaba en el tiempo a siglos. Sus ancestros, los fundadores de la monarquía, habían prohibido el uso del chocolate en sus reinos. Afirmaban que el chocolate podía minar la seguridad del trono. Imagina sus esfuerzos, las luchas que tuvieron lugar durante siglos para impedir el uso de dicho alimento. Millones de personas murieron, otras fueron deportadas" (*La carne de René* 31).

gente ante sus prédicas, abandona su meta cuando Alberto le revela que el pueblo ha empezado a esconderse del "Presionador". Acto seguido al ocultamiento, todo el mundo responde solamente con dos palabras: *Rouge Melé*. El lenguaje se reduce al absurdo.[59] El protagonista se pregunta:

> Qué me han hecho. Es una broma pesada que me vea reducido al triste papel de locutor de una ciudad súbitamente enmudecida [...] Véanme: puedo decir cualquier palabra que se me antoje –taza, plato, sol, paraguas, zapatos, mantel...; puedo abrir la Enciclopedia Británica y pronunciar una por una todas las palabras en ella contenidas; puedo decir: *buenos días, ¿cómo están ustedes y buenas noches y buenas tardes* [...]. (109; énfasis en el original)

Resulta difícil no interpretar este pasaje como un meta-comentario en referencia a la literatura misma y a su imposibilidad de representar o transmitir un mensaje trascendente. Las palabras están a disposición, pero son objetos huecos, incapaces de retener su significado. Simulan –como el chicle, como la canasta, como la hibernación– un gesto de comunicación que, sin embargo, se pierde en la apatía general. La apatía y el aburrimiento representan una subjetividad en choque con el voluntarismo basado en la *praxis* revolucionaria; y en particular, la derivada de la teoría del foco como guerrilla de guerrillas, acción bélica político-militar que pone acento en la movilidad (que expande su campo de acción por medio del adiestramiento y el reclutamiento).

Como señala Juan Duchesne-Winter, la teoría de foco "forjó y legó un modelo de producción de subjetividad correspondiente a la composición del sujeto y la acción insurgente imprescindible para la acción revolucionaria", impulsada por la idea de fraguar un sujeto revolucionario a toda prueba (16-18). El análisis que hace Duchesne de la experiencia guerrillera en la memoria político-militar de Ernesto "Che" Guevara,

---

[59] El *rouge melé* tiene semejanzas con lo que Matías Montes Huidobro, en su ensayo "Siervos cubanos" (sobre la obra de teatro "Los siervos", publicada en la revista *Ciclón* en 1955), denomina "cantinflismo dialéctico" marxista: "El 'cantinflismo dialéctico' marxista es un sistema mediante el cual se inventa un sistema léxico que empieza por un determinado razonamiento y se distorsiona a través del lenguaje hasta tal punto que no se entiende nada de lo que se está diciendo. Su objetivo único es anular el pensamiento individual mediante una mecánica del lenguaje frente a la cual la única salida posible es negarse a leer" (ctdo. en Molinero 191).

Pasajes de la guerra revolucionaria, indaga en la forma de representar la constitución moral y física del sujeto revolucionario como guerrero que debe pasar por una serie de pruebas para demostrar su "resistencia sobrehumana". Anota Duchesne:

> Cierta ética situacional del guerrero (talante estoico, valor, dignidad ante la muerte, magnanimidad del más fuerte, respeto del vencido, protección del desamparado, auxilio del débil, sacrificio de la vida por los compañeros de armas, etc.) sirve de modelo virtuoso [...] para generar hegemonía. (46)

En lo que sigue de este capítulo, se verá cómo en el otro lado de la narrativa de Guevara que conforma la "ética situacional del guerrero", Piñera contrapone la pasividad ética del aburrimiento y el no compromiso.

III. Inactividad e Improductividad

La conspiración se inicia con la falta de comunicación colectiva producida por la apatía general. En este contexto las riquezas materiales, el dinero, el diamante más caro del mundo, dejan de tener valor. Incluso las experiencias e intercambios personales, como la conversación y el viaje, son reemplazados por simulacros. La conversación (y el lenguaje en general) se elimina completamente con el *rouge melé* (palabras que consisten en la única respuesta a cualquier pregunta), y el viaje con el congelamiento en un bloque de hielo. Los viajeros esperan no tener nada que contar a su vuelta; sólo les interesa la preparación para la próxima partida. Declaran que este congelamiento es un viaje en el tiempo, y no en el espacio. El narrador desespera, no puede comprender los alcances de la situación, la manera en que el absurdo y el sinsentido se han vuelto vida cotidiana. Resulta productivo comparar este narrador, impotente pero con cierta voluntad de cambio, con el narrador de *Pequeñas maniobras*, Sebastián, personaje que evita por todos los medios el compromiso. La apatía colectiva de *Presiones y diamantes* se ha internalizado en la subjetividad individual en *Pequeñas maniobras*. Ni los reclamos políticos, ni las relaciones amorosas o de amistad interesan a Sebastián, y lo que es más, le espantan: "Yo lo subordino todo a las posibles complicaciones", afirma (150). Anula incluso su boda, y un día antes de la ceremonia se lo comunica a su prometida:

> Muy temprano fui a su casa a decirle que no me casaría. Aunque me conozco poco o nada, traté de explicarle mi decisión [...] En cambio, le hice ver que no me casaba sencillamente porque *no podía hacerlo*, que no estaba en mí calificar la fuerza oculta que me obligaba a tal decisión. (241; énfasis mío)

Sebastián tiene muchas similitudes con el personaje de la *nouvelle* de Herman Melville titulada *Bartleby, el escribiente* (1853), quien responde a todas las demandas de su jefe con un "preferiría no hacerlo". Esta *nouvelle* ha sido interpretada como una crítica a la sociedad capitalista (su subtítulo es sugerente: "Una historia de Wall Street"), y como alegoría de ideas marxistas (Reed, Khodambashi, Finetti, entre otros) de alienación, explotación, lucha de clases, trabajo y capital. Es posible también una interpretación de *Pequeñas maniobras* y de *Presiones y diamantes* en diálogo con ciertos conceptos del marxismo. De hecho, en *Pequeñas maniobras* los conceptos de alienación y de producción son especialmente útiles para interpretar la negación al compromiso y la responsabilidad de Sebastián como alegorías de resistencia y oposición a la política y lo político. En *Presiones y diamantes*, las ideas de valor, mercancía, y la concepción dialéctica de la historia, también resultan de utilidad para una interpretación alegórica.

Sin embargo, como hemos declarado, nos interesa una lectura que indague más allá de las correspondencias políticas alegóricas entre texto y realidad social. En este sentido, la recurrencia en las dos novelas de la experiencia del tedio o aburrimiento resulta particularmente interesante, especialmente si se contraponen con los paradigmas discursivos de sacrificio (y muerte), trabajo (y productividad), y heroísmo (y lucha) propios de los valores revolucionarios y de los valores de lucha política en general. La insistencia en el aburrimiento, expresado en el desinterés generalizado de los personajes en las relaciones afectivas, sociales y políticas, llama la atención por la no representación de los valores mencionados: el sacrificio, basado en la disponibilidad para la muerte; el trabajo, fundado en la idea de productividad; el heroísmo, arraigado en la concepción de la moral combativa y la voluntad política como ética militante. Propongo interpretar la experiencia del tedio en la escritura de Piñera como una alternativa y una negación del discurso hegemónico que imponía la idea de responsabilidad política al campo literario. Como menciona Quintero Herencia:

> La necesidad de probarse moralmente en un escenario público cifrado por la guerra [...] anota una atmósfera 'moral' de reclamos y afanes demostrativos dirigidos a la 'insuficiencia' política de la práctica literaria en lo revolucionario.

(94)

Esta insuficiencia anclada en la "discursividad" e inmaterialidad de la literatura frente a la materialidad de la *praxis* de la revolución es determinante para un antagonismo insalvable. Piñera lo afirma en la ironía de sus respuestas, por ejemplo, en la encuesta "El creador y su obra", reproducida en *La Gaceta de Cuba*, n°85 publicada en los meses agosto / septiembre de 1970.

1. ¿Cómo definiría usted su labor?
   En el sentido de la escritura, una labor acumulativa. Es cuestión de ir acomodando palabras, las que según el acierto o desacierto, darán o no la obra literaria.
2. ¿Cómo trabaja usted?
   Es un secreto de estado.
3. ¿Podría establecer algunas constantes en su obra?
   Si en mis obras hay constantes, a los críticos corresponde fijarlas. Solo sé que hay constancias. Y constancia.
4. ¿Qué relación existe entre su obra y el proceso revolucionario?
   Una relación efusiva.
5. ¿Qué relación existe entre su obra y la de otros creadores de su misma generación?
   Una relación sanguínea.
6. ¿Cuáles considera usted los problemas más arduos que enfrenta la labor creadora en la época actual?
   Denunciar la injusticia, condenar el crimen, decir, en todo momento, la verdad. Es suficiente y es abrumador para la labor creadora.
7. ¿Qué espera usted de la crítica?
   Golpes. Cada vez más fuertes. Son altamente estimulantes.
   (Ctdo. en Espinosa Domínguez 204)

Las respuestas 4 y 6 especulan con la ambigüedad; a la forma directa de las preguntas que relacionan abiertamente literatura y revolución, Piñera responde con ironía, como táctica que evade la lógica política que guía la entrevista. De la misma manera, me interesa leer las representaciones del tedio y la inactividad en clave irónica, a contrapelo de la productividad (material, ideológica, histórica) de la Revolución, como categorías que desarman la lógica revolucionaria *sin proponer otros valores que la reemplacen*. Es decir, desfamiliarizando y haciendo visible un límite de la política, estrategia irónica que Piñera usa en la entrevista.

El tedio está además relacionado con el concepto marxista de alienación, resultado de la mecanización y fragmentación del trabajo industrial inherente al sistema capitalista de producción. La alienación del trabajador es un factor preponderante en la producción de plusvalía, y por lo tanto, en la situación de explotación y en la consiguiente lucha de clases, la cual sería revertida a su tiempo por las fuerzas dialécticas de la Historia. La representación del tedio junto con la alienación de las relaciones sociales (fragmentadas en pequeñas acciones sin sentido), la inactividad general (cuya puesta en escena en el viaje congelado se despliega como simulacro que anula la experiencia misma de viajar) e incluso el lenguaje (como *rouge melé*) revierten, por un lado, el sentido de la Historia como destino trascendente, y por otro, anulan la idea de productividad como motor histórico y de cohesión social. El trabajo, el lenguaje, y la historia, consecuentemente, son representados como simulacros, acciones mecánicas y fragmentadas en unidades mínimas que fundamentalmente no *producen* ninguna esencia, y constituyen una distopía que desarma la representación de la comunidad.

El aburrimiento general denota (en *Pequeñas maniobras*) una falta de compromiso con el mundo, y (en *Presiones y diamantes*) una ausencia de sentido universal, en el que nada significa. De esta manera, el tedio de los relatos y los personajes de Piñera tiene similitudes con la apatía del *Bartleby* de Melville, especialmente en su manera de poner en suspenso una narrativa (positiva) de la productividad. Esta apatía, sin embargo, no sólo apunta a la interrupción de la retórica de la moral revolucionaria, sino también a una cierta construcción del "enemigo" que amenaza el propio estilo de vida, en la fórmula de Schmitt. Me interesa la lectura de

Bartleby desde este punto de vista, que servirá como abordaje teórico a las representaciones de la pasividad y el aburrimiento que se despliegan en la escritura de Piñera.

"Nada exacerba tanto a una persona seria que una resistencia pasiva" (Melville 88), dice el abogado sobre Bartleby. El relato de Melville va perfilando la manera en que paulatinamente el escribiente se vuelve una amenaza: en una primera instancia, para su empleador, por el hecho de no cumplir las tareas requeridas en la oficina; luego, para los otros dos escribientes, que se violentan por la carga de trabajo extra que les toca frente a las "preferencias" de Bartleby; después, para los visitantes de la oficina que observan con mirada crítica lo absurdo de la situación; también para el nuevo inquilino que alquila después de que el abogado se muda; y finalmente para todos los que trabajan en el edificio de oficinas que Bartleby ocupa. Así, el escribiente inspira una serie de reacciones afectivas de parte del abogado que gradualmente se transforman de estupor en piedad, lástima y rechazo:

> Mis primeras emociones habían sido las de pura melancolía y sincera piedad; pero, en la misma proporción en que crecía cada vez más en mi imaginación el desamparo de Bartleby, aquella melancolía se confundía con *miedo*, aquella compasión con repulsión. (Melville 95; énfasis mío)

Bartleby se transforma en una amenaza para la reputación y la salud mental de su empleador: "Y temblaba al pensar que mi contacto con el escribiente ya hubiera afectado seriamente mi estado mental" (98). A tal punto Bartlebly trastorna el funcionamiento de la oficina, que incluso el lenguaje, y con éste el pensamiento que lo sostiene, comienza a simular, a copiar, a repetir la retórica del oscuro personaje:

> Al abrir la puerta corredera para retirarse, Nippers desde su escritorio me vislumbró y me preguntó si prefería que copiase cierto documento en papel azul o blanco. Sin picardía alguna, no acentuó en lo más mínimo la palabra «preferir». Era evidente que la había pronunciado involuntariamente. Yo pensé para mí; con toda seguridad tengo que librarme de un loco, que hasta cierto punto, ya ha trastornado las lenguas, si no las cabezas, la mía y la de mis empleados. Pero creí prudente no proceder al despido inmediatamente. (Melville 98)

El abogado hace todo lo posible para evitar el enfrentamiento con su peculiar empleado, intenta incluso un acercamiento afectivo, sin resultado: "¿Pero qué objeción razonable puede tener para no hablar conmigo? Yo quisiera ser un amigo" (Melville, "Bartleby" 543), dice ante el silencio impávido del amanuense. Queda claro así que la amistad es imposible, por lo cual el abogado se plantea: "Entonces hay que hacer algo severo, algo inusitado" (107). En este punto Bartleby ya se ha vuelto una fuerza antagónica para el funcionamiento de la maquinaria productiva de la oficina, una amenaza que exige un "estado de excepción". La relación que el relato de Melville sugiere entre la pasividad y el antagonismo propio de lo político pone en escena interrogantes válidas para pensar la apatía y la pasividad en los personajes de los relatos de Piñera.

De la misma manera que *Bartleby, el escribiente*, la narrativa del cubano se enfoca en la falta de comunicación como mecanismo fundamental que provoca, por un lado, la desintegración de los lazos afectivos de la comunidad; y por otro, la pasividad que lleva al hastío: como un "palo" que traba los engranajes productivos que sostienen y alimentan el discurso de lo político. Esta pasividad provoca una violencia excesiva y por lo tanto inútil:

> No podía impulsarle a empujones; hacerlo salir a base insultos no serviría; llamar a la policía era una idea poco grata; y, sin embargo, permitirle disfrutar de su cadavérico triunfo sobre mí, eso tampoco, ni pensarlo. ¿Qué se debía hacer? O, si no se podía hacer nada, ¿quedaba alguna otra cosa que yo pudiera *suponer* en este asunto? (Melville 103; énfasis en el original)

Creo que estas dos últimas preguntas rondan también en las novelas *Presiones y diamantes* y *Pequeñas maniobras* –"¿Qué hacer? qué dar por sentado?" (Melville, "Bartleby" 547)–. ¿Qué se *da por sentado* cuando no hay nada que hacer? ¿Qué función queda para el antagonismo de lo político cuando la guerra deja de ser una opción válida? Lo que el abogado vislumbra (lo inútil de la exterminación de Bartleby como enemigo) sería –en la escritura de Piñera– la negación de la violencia hacia el otro, y por sobre todo la negación a formular la pregunta "¿quién?" como interpelación del enemigo. Si no existe un *otro* (un sistema, una comunidad, una ideología) que pueda ser interpelado por esa pregunta, y si la pregunta misma queda flotando, absurdamente, en la apatía, el aburrimiento y la improductividad, entonces la interpelación del enemigo es un planteo imposible, y por lo tanto, impolítico.

En las novelas de Virgilio Piñera, la pregunta de Fidel Castro –"¿quién?"– resuena vacía, como en un eco, ya que el tedio general actúa como discurso crítico y como una manera de "suspender" o bloquear antagonismos de sentido.[60] En *Presiones y diamantes* no se trata de una conspiración en "contra" de un sistema de poder, sino de lo absurdo de la conspiración misma. De esta manera, la narración no despliega valores o afectos positivos con los cuales el lector se pueda identificar, sino por el contrario, una apatía general, una suspensión de la historia y del conflicto como motor de ésta. Los personajes de estas novelas de Piñera se retiran de la acción de una manera extrema. Recuerdan así la imagen que Fidel Castro reclama como anti-ejemplo de lo revolucionario cuando afirma, en "La segunda declaración de La Habana" (1962), que no es de revolucionarios sentarse en la puerta de su casa para ver pasar el cadáver del capitalismo.

La estupidez como correlato de la apatía se perfila tanto en Piñera como en Melville. Branka Arsic (siguiendo a Gilles Deleuze) analiza la capacidad de pensamiento del escribiente, y el esfuerzo del abogado por "leer" en Bartleby alguna señal de actividad en un rostro que está tan inmóvil como sus pensamientos: "An absolute nonpolitical being, Bartleby becomes an almost idiotic figure" (60). La pasividad de la mente se refleja en la impasividad del cuerpo. De esta manera, en *Presiones y diamantes* la masticación mecánica del chicle simula (¿o produce?) la monotonía del pensamiento y, como señala el narrador, imita el rumiar de la vaca, metáfora de la estupidez.[61] La calificación del escribiente como ser "no-político" llama la atención por la relación entre esta incapacidad de pensamiento y la lógica de lo político. ¿De qué manera la estupidez es

---

[60] Me refiero a la pregunta mencionada anteriormente en este capítulo con respecto a los discursos de Fidel Castro, y en particular a su discurso "Palabras a los intelectuales".

[61] Arsic relaciona la "falta de labios" en el rostro de Bartelby como una metáfora de su falta de pensamiento: "Such an absence (of the labor of thinking) manifests itself as the negation of the lips themselves. Bartleby's lips are a pale trace of the oblivion of thought, which fails to write itself as a face" (63).

una amenaza para la soberanía? ¿Es posible que la estupidez reclame un "estado de excepción"?

En *Presiones y diamantes* los habitantes de la tierra, rumiantes, congelados, jugadores silenciosos de canasta, comienzan a esconderse del "Presionador", para lo cual se ocultan en sus casas y evitan todo contacto con el prójimo. Como una especie de toque de queda autoimpuesto, la gente deja de circular por las calles, situación que simula un estado de guerra. Si bien es la estupidez general —incomprensible para el narrador— y no la guerra lo que genera este estado de excepción, es el aburrimiento y la apatía —que se han contagiado a la población entera— los que producen el vaciamiento de sentido del lenguaje (*rouge melé*) y de la historia. Estos afectos negativos se vuelven entonces una táctica impolítica que bloquea el sentido de trascendencia de los valores morales que fundamentan la ideología revolucionaria como motor de la historia. No para proponer otros valores diferentes, o para cumplir la función de denuncia alegorizando un mensaje, sino precisamente para mostrar la artificialidad de esta utopía.

Es importante remarcar la relevancia política de esta operación de sentido. Como hemos mencionado en la introducción, lo impolítico no es apolítico ni anti-político, sino que opera desde los límites de la política; es decir, que no la niega ni la neutraliza. La representación del aburrimiento y la estupidez hacen más evidente (por absurda e inútil) la lógica bélica de lo político; dicho de otro modo, maniobra en el terreno de la política, pero funciona como táctica impolítica. En la problematización de la articulación entre aburrimiento y utopía (o la falta de ésta) es posible rastrear una alternativa de lectura (im)política.

IV. Aburrimiento

Para simplificar los paradigmas que hemos analizado en la escritura de Piñera los agruparemos en dos bloques semánticos: pasividad o apatía (a contrapelo del discurso de voluntarismo revolucionario) y aburrimiento (en contraste con el compromiso y la moral heroica). Estos encarnan dos maneras de representar los afectos –o la falta de ellos– que llaman la atención a un vacío e impasividad general con respecto a cualquier propuesta ideológica, programática o política. Es decir, que los afectos desplegados aquí pueden ser leídos como estrategia discursiva (im)política que filtra, entre las fisuras y porosidades de la retórica institucional de la revolución, estas representaciones negativas que son posibles estrictamente *fuera* de ciertas políticas, y fuera también de la retórica de lo político como lógica bélica.

Tanto en *Presiones y diamantes* como en *Pequeñas Maniobras* (y en muchos otros textos de diversos géneros del autor cubano)[62] observamos una insistencia en la puesta en suspenso de la voluntad política y del ideal heroico. Según Anderson, este último texto no puede ser calificado como "político" porque, a pesar de haber sido escrito en períodos de lucha política en Cuba, *Pequeñas maniobras* no es un texto revolucionario dado que Sebastián es la antítesis del héroe revolucionario (200).[63] Por este mismo motivo, desde mi perspectiva, *Pequeñas maniobras* es un texto (im)político que cuestiona la idea de voluntad colectiva, de antagonismo de lo político, y de la función comprometida de la literatura. Como señala Peter Hallward:

> *Political* will, of course, involves collective action and direct participation. A democratic political will depends on the power and practice of inclusive assembly, the power to sustain a common commitment. (14)

Voluntad política, devenir histórico, comunidad y compromiso se neutralizan en Piñera por las figuras de la apatía, el miedo, el aburrimiento, la estupidez. Si el proletariado, como sujeto de cambio histórico, existe sólo por medio de la acción, y por lo tanto *es* acción ("The proletariat forms itself by its day-to-day action. It exists only by action. It *is* action. If it ceases to act, it decomposes" [Lukács, ctdo. en Hallward 17]), entonces,

---

[62] Véase, por ejemplo en su obra de teatro *Dos viejos pánicos*, en muchos de los *Cuentos Fríos* y en la novela *La carne de René*, entre otros.
[63] Anderson interpreta *Pequeñas maniobras* como representación de culpa y frustración sexual relacionados a la homosexualidad de Piñera, y a la confesión textual y religiosa.

su estatuto ontológico se desarma en la inactividad, y de esta manera se dificulta indirectamente una representación de la Historia en la cual la voluntad (del pueblo, del sujeto heroico, del proletariado, del Estado) es el motor que la vuelve posible. Este poder de voluntad y emancipación, tan presente en las ideas del "Che" Guevara para la teoría foquista de la revolución, supone una persistencia y continuidad de la voluntad de acción, pero además, como lo nota Hallward, se constituye en la decisión:

> To continue or not to continue – this is the essential choice at stake in any militant ethics. Either you will and do something, or you do not. Even as it discovers the variety of ways of doing or not-doing, these are the alternatives a political will must confront: yes or no, for or against, continue or stop. (20)

Es inevitable la relación con el pensamiento de Alan Badiou en el cual la decisión, como fidelidad a un acontecimiento, es constitutiva del sujeto de una verdad. Sin embargo, en el caso de Piñera, el aburrimiento, la apatía y la estupidez configuran el escándalo de lo político, una metáfora de lo indecidible que, como señala Martin Heidegger con respecto a la experiencia del aburrimiento profundo, nos deja en el "limbo" o nos deja "vacíos". La reflexión filosófica de Heidegger proporciona la posibilidad de pensar el aburrimiento en *Presiones y diamantes* y en *Pequeñas maniobras* como una puesta en suspenso del mundo y del tiempo con la finalidad de que aparezca otra experiencia y la inteligibilidad de esta experiencia (en *Pequeñas maniobras* es la apatía y el no-compromiso lo que lleva al aburrimiento del lector, ya que el narrador se niega a que "pasen cosas"). Aunque hay una diferencia conceptual entre aburrimiento y apatía, en ambas se deduce una distancia que produce dejadez, desinterés y falta de vigor para la acción, es decir, lo contrario de una ética militante. Tanto en el tedio como en la apatía la puesta en suspenso del mundo sugiere una analogía con el "stop and think" de Hannah Arendt, con la diferencia de que en la experiencia del tedio y su correlato de la apatía el resultado es la falta de compromiso, la improductividad, y la pasividad.

Desde esta perspectiva, hay todavía una vuelta de tuerca en las figuras y afectos negativos que rondan estas novelas. Podemos identificar una paradoja fundamental que, a mi modo de ver, constituye el escándalo de lo político mencionado anteriormente: si se considera el pensamiento como opuesto a la acción –según afirma Hannah Arendt– que nos separa del mundo y del prójimo como una operación hecha en *solitude* (en contraposición con *loneliness*) y que interrumpe toda actividad ("All thinking demands a *stop*-and-think" [Arendt 78]), entonces, hay en la suspensión de la voluntad política, de la acción y por lo tanto de la Historia, una paradoja que abarca tanto la estupidez y la apatía como la soledad y el retiro del pensamiento:

> And since *whatever prevents thinking belongs to the world of appearances and to those of common-sense experiences I have in company with my fellow-men* and that automatically guarantee my sense of the realness of my own being, it is indeed *as though thinking paralyzed me in much the same way as an excess of consciousness* may paralyze the automatism of my bodily functions [...] (Arendt 78-79; énfasis mío)

El aburrimiento y la falta de compromiso en Piñera evocan, por un lado, un exceso de consciencia, y por otro, la parálisis de la acción. Pensar supone un retiro del mundo que tiene un efecto doble y complementario porque *paraliza* y al mismo tiempo *suspende el automatismo* que, como en las funciones del cuerpo, es acción sin reflexión. De esta manera, el pensamiento y la apatía comparten analogías estructurales ya que los dos estados se producen en la soledad y en el retiro de la comunidad: *plantean un interrogante sobre la posibilidad de reflexión política en el contexto de una lógica bélica que requiere la acción como principio ontológico del sujeto*. Interrumpen una acción alienante, paralizándola y al mismo tiempo, dejando lugar para la reflexión ("it is indeed as though thinking paralyzed me").

¿Es posible que los afectos negativos desplegados aquí sugieran, mediante la suspensión de la voluntad política y el retiro de la comunidad, un escándalo de lo político? Hemos señalado que la apatía y la estupidez constituyen lo indecible, el no-compromiso (en conflicto con una voluntad política o militante definida por la decisión), ¿puede entonces haber política sin decisión? O más específicamente: ¿es la interrupción un mecanismo (im)político de la escritura? Creo que en la escritura de Piñera el retiro del mundo, común al pensamiento pero también a la apatía de la estupidez y el aburrimiento, se afianza en la ambigüedad de lo indecidible que constituye el escándalo de lo político. La función impolítica de los afectos negativos articula dos tácticas de sentido: 1) el desarme de los antagonismos propios de lo político; 2) el escándalo de la suspensión de la voluntad o la acción política por lo "indecidible" del no-compromiso (la "resistencia pasiva" de Bartleby).

Es preciso, entonces, prestar atención a las "pequeñas maniobras" de no-compromiso que plantea la novela.[64] Como hemos señalado, las similitudes entre Sebastián y Bartleby son muchas: "Todo puede ser un compromiso, mejor será no hacerlo" (Piñera, *Pequeñas* 135), dice el protagonista. "Soy el soldado desconocido de unas pequeñas maniobras, cuyo escenario son las calles de mi ciudad; su materia, mi sangre gota a gota, y mi ideal, el deseo angustioso de pasar inadvertido" (323). El narrador de estas "memorias" se define como "un estratega de pequeñas maniobras" (322) que pasa su vida evitando el compromiso, los vínculos afectivos, he incluso la narración de su propia historia:

> Otro lector, con santa indignación, echando llamas por la boca se me pone adelante [...] Estoy harto de leer páginas y páginas donde el protagonista no se compromete. Acaso ignora que el hombre es compromiso, que hoy más que nunca la consigna es comprometerse. (Pinera, *Pequeñas* 315)

Es que Sebastián tiene miedo, y sus memorias podrían considerarse como un recuento de su miedo; y aún más, una manifestación de su paranoia:

> Pueden irrumpir los esbirros y llevarme preso, en la iglesia, en mi casa, en la calle o en la escuela donde gano el pan. (135)

> Quiero aclarar que si yo hablo de esbirros por acá y esbirros por allá no es porque yo haya cometido un hecho delictuoso. Hasta hora no he robado ni matado.

---

[64] En general, la información de la fecha de publicación de *Pequeñas maniobras* es 1963. Pocas fuentes aclaran que su primera fecha de escritura es 1957, cuando Piñera estaba en Buenos Aires (Anderson). De todas maneras, su contexto de publicación en la cuba post-revolucionaria es significativo para una lectura de la novela, y sería interesante compararla con otras novelas publicadas el mismo año.

> Bien, si no he hecho ni una cosa ni la otra, debo cuidarme mucho de que los esbirros hagan recaer sus sospechas en mi persona [...] Yo no intento grandes hazañas para no tener que ver con los esbirros. Y así y todo es difícil escapar; cada momento del día uno está amenazado por situaciones como ésta. (136)
>
> Tiemblo de sólo pensar que si él abriera su boca en este momento los esbirros saldrían en bandadas a vaciar la ciudad y meterla en esas horribles celdas... (137)

Estos pensamientos que asaltan a Sebastián en todo momento, y en especial cuando debe interactuar con el prójimo, tienen similitud con una "teoría de la conspiración" que, como lo describe Sianne Ngai, está relacionada con una especie de miedo, basado en "the dysphoric apprehension of a holistic and all-encompassing system" (299). La teoría de la conspiración, así como la novela de detectives, encuentra al protagonista enredado en un sistema que lo supera, y que no alcanza a comprender o controlar.[65] La sospecha y el miedo forman parte de un mecanismo afectivo que por un lado evita el contacto con el prójimo, y por otro, antropomorfiza el "sistema" como un sujeto capaz de "comprender" a sus enemigos y de actuar en consecuencia (Ngai 300). Este estado de paranoia se alinea con nuestro análisis que afirma que la pregunta "¿quién?" es una táctica de interpelación del enemigo como figura móvil y abstracta.

A diferencia de Bartleby, que no narra su propia historia sino que es objeto pasivo de la narración del abogado, Sebastián sí cuenta sus memorias, aunque niegue todo el tiempo este hecho evidente:

> Aquí, como los novelistas de verdad podría poner una serie de puntos suspensivos. Es que han pasado cinco meses. No creo que valga la pena impresionar al lector: 'Antes de Cristo, después de Cristo.' No ha ocurrido nada que justifique una separación en el relato. (268)

Pequeñas maniobras, entonces, puede leerse como un meta-comentario sobre la escritura misma, un texto que se auto-interpreta en lo que podría ser un exceso paranoico que intenta anticipar su propia lectura:

---

[65] En el mismo sentido, Ngai afirma, "[...] like the conventional film-noir detective, belatedly find they are small subjects caught in larger systems extending beyond their comprehension and control" (299).

> Prosigo con los tumbos o los palos de ciego. Quisiera poder ofrecer al lector un cuadro más animado. En estas Memorias *deberían pasar cosas*. De pronto el lector suspende la respiración: el protagonista se ha equivocado de sobre […] la situación es crítica, el lector se angustia […] Pasan veloces sus dedos por las páginas, es preciso salir cuánto antes de esta duda terrible. Por fin, el desenlace se ofrece a su vista despavorida. El lector se sorprende al escuchar su propia risa. Sucede que el novelista, dotado de 'amplios recursos', de 'fértil imaginación', *tiene muy presente que en su relato deben pasar cosas*. (255; énfasis mío)

Pero, ¿qué cosas pasan en este relato? Sebastián se esconde. Su historia es la de una evasión: a ser interpelado por los otros personajes, por la vida misma, y hasta por el lector. *Pequeñas maniobras* es una puesta en escena de cómo la literatura escapa a las exigencias de compromiso impuestas por la voluntad política y militante, por la retórica revolucionaria, por la moral del sacrificio, por la interpelación de la pregunta "¿quién?". Piñera lo señala en su ensayo sobre Kafka, en 1945, en el que aclara que la función de la literatura reside en el extrañamiento de la creación:

> Se trata, por el contrario, de demostrar que en el campo de lo estrictamente literario el único móvil del artista es producir, a través de una *expresión nueva*, ese imponderable que espera todo lector y que se llama la "sorpresa literaria"; la sorpresa por invención, lo mismo que un asesino que conseguiría su objetivo mediante la muerte por envenenamiento, o del espía por traición. ("El secreto de Kafka" 43)

En *Pequeñas maniobras* el novelista "tiene muy presente" que deben pasar cosas, y sin embargo, se niega a comprometerse con la narración y con el lector. La novela relata el escape del sujeto –y de la literatura misma– del imperativo ideológico; y en éste sentido, es una escritura que no representa, que no alegoriza: es paranoica de su propia capacidad de alegorizar, de la facilidad de representación del lenguaje y por lo tanto, de su potencialidad para hegemonizar. Evita la función pedagógica y ejemplar de un compromiso político o simplemente del protagonista como héroe que representa un modelo dentro de los parámetros morales de la revolución. Sebastián es la contracara del "hombre nuevo" que el "Che" Guevara prefigura en "El socialismo y el hombre en Cuba" (1965), en el cual el sujeto revolucionario está siempre constituido por la moral como engranaje de la comunidad y de la Historia:

> Como ya dije, en momentos de peligro extremo es fácil potenciar los estímulos morales; para mantener su vigencia, es necesario el desarrollo de una conciencia en la que los valores adquieran categorías nuevas. La sociedad en su conjunto debe convertirse en una gigantesca escuela. (Guevara 7)

La acción revolucionaria y la conciencia de su deber social son las bases para este hombre nuevo, así como el sacrificio.

> El individuo de nuestro país sabe que la época gloriosa que le toca vivir es de sacrificio; conoce el sacrificio. Los primeros lo conocieron en la Sierra Maestra y dondequiera que se luchó; después lo hemos conocido en toda Cuba. (15)

Y sobre todo la acción como condición ontológica del sujeto revolucionario: "Nos forjaremos en la acción cotidiana, creando un hombre nuevo con una nueva técnica" (17). Punto por punto Sebastián representa el anti-héroe revolucionario, pero aún más: palabra por palabra la novela de Piñera plantea una experiencia de pasividad y evasión en la que la literatura no responde con el compromiso a la interpelación de lo político. Porque, ¿quién sino Sebastián puede decir "yo solo sé que tengo mucho miedo"?

Como hemos mencionado, aún en relatos anteriores a la Revolución, como "El viaje" (1956), se pueden rastrear las mismas preocupaciones y la insistencia en afectos negativos que suspenden la productividad, el tiempo y la acción en una repetición sin fin de los mismos gestos como simulacro. En "El viaje", un hombre de cuarenta años decide pasar el resto de su vida recorriendo las carreteras internas del país en un cochecito de niños, empujado por niñeras que se pasan la posta en cada kilómetro. El viaje es interminable. Como "En el espacio", el relato de Wilcock en que Mör pasa el resto de sus días en órbita parabólica, el viajero de Piñera los pasa en el cochecito de bebé. Un periplo en sentido doble: por un lado, es un retroceso en el tiempo, hacia la infancia; y por otro, es la mímica misma del viajar que produce el retiro de la comunidad y la revelación de su inutilidad: "Este viaje me ha demostrado cuán equivocado estaba yo al esperar algo de la vida. Este viaje es una revelación" (*Cuentos completos* 108). Este simulacro inspira a Pepe, que parte en una cazuela girando sobre sí mismo, ayudado por cocineras. Estos gestos de simulacro y repetición (como el *rouge melé* de la novela *Presiones y diamantes*) se acumulan en otros relatos de Piñera.

En el cuento "La gran escalera del Palacio Legislativo" (1957), el personaje sube y baja constantemente y tiene la revelación de que esta repetición sin fin es en realidad, la libertad: "De pronto me quedé clavado en su quinto escalón. Sentí que me absorbía y que, al absorberme, me libraba del resto. Era ello, pues, lo único que me interesaba. Subirla y bajarla" (189). La ironía de que para liberarse es preciso una obsesiva repetición de una acción vacía de su sentido original (llegar a un destino, recorrer un itinerario, trasladarse), tiene para el personaje la revelación de la profunda soledad de la vida en comunidad, de su inutilidad, de la ruptura con la continuidad lógica de la historia. Similarmente, el protagonista del cuento "Natación" (1957), por ejemplo, aprendió a nadar en seco y afirma: "No hay el temor a hundirse pues uno ya está en el fondo, y por esa misma razón ya se está ahogado de antemano" (151). De la misma manera que en los cuentos de Wilcock, en donde los personajes sufren metamorfosis que les impide cumplir una función productiva y afectiva en comunidad, la alienación que produce la repetición mecánica de una acción sin objetivo se sugiere aquí como muerte en vida:

> No voy a negar que nadar en seco tiene algo de agónico. A primera vista se pensaría en los estertores de la muerte. Sin embargo, esto tiene de distinto con ella: que al par que se agoniza uno está bien vivo, bien alerta [...]. (*Cuentos completos*, "Natación" 151)

Toda esta colección de simulacros formulan un *hábito de la inutilidad* que, al mismo tiempo que provoca automatismo y alienación, constituyen una táctica para "estar bien alerta". La similitud de las experiencias negativas del aburrimiento y estupidez, y el "stop-and-think" de Arendt, que hemos identificado anteriormente, se producen en la interrupción de la acción que, como se verá más adelante, sugiere la posibilidad o "posibilización" (im)política.

El hábito de la inutilidad está íntimamente ligado con la escritura como se puede ver en el cuento "El filántropo" (1957) de la colección *El que vino a salvarme*, en el que Eduardo, "un triste empleado del Ministerio de Guerra" pide prestado dinero a Coco. Éste le ofrece un millón de pesos con la condición de que Eduardo escriba un millón de veces la frase: "*Coco: yo quiero un millón*". Para esto Eduardo deberá escribir "*Coco: yo quiero un millón*" mil veces al día, lo que llevará dos años, nueve meses y diez días y, además, Eduardo deberá permanecer prisionero en una celda hasta que cumpla el pacto. Eduardo acepta; y así entra en el infierno de la escritura, la repetición y el vacío:

> [...] Eduardo se debatía vanamente contra la escritura: las equivocaciones eran cada vez más frecuentes, las letras salían de la punta del lápiz en confuso apelotonamiento, como si la frase que se componía de cinco palabras estuviera compuesta por millones de palabras. Un día quedó sorprendido por la retahíla de palabras inconexas que recordaban la escritura automática. Y es que la maldita frase tenía el poder de soltar las amarras del pensamiento. Eduardo, pugnando por escapar de la cárcel mental encarnada en dichas palabras, caía en cárceles más vastas, de frases desmesuradas, carentes de todo sentido, y con poder de encantamiento capaz de sumirlo en plena abyección mental. (*Cuentos Completos* 214)

La abyección mental de Eduardo se parece mucho a la estupidez, pero también al "aburrimiento profundo", sentimiento que producen las interminables situaciones que a la manera de simulacro de una experiencia (que no sólo ha perdido su valor afectivo y emocional sino también su propósito), conserva sólo la mímica de un acto vacío. En el cuento "El álbum" (1956) también se representa esta relación entre simulacro, inactividad y aburrimiento: "la dama" convoca a un relato descriptivo de las fotografías de su álbum; los espectadores comen, hacen sus necesidades fisiológicas y duermen en la sala en donde ella relata sus memorias e impresiones de imágenes que casi nadie puede ver. La muestra de las fotografías reúne a un público que por un larguísimo período de tiempo comparte las más íntimas actividades personales, pero no así lazos afectivos: es un puro pasar del tiempo improductivo o suspendido.

Rita Molinero interpreta *Pequeñas maniobras* y *La carne de René* como novelas que comparten un "síndrome masoquista", en el cual la "estética de la suspensión" constituye una manera de crear una realidad ideal, lo que Piñera llama "FUGA". Según Molinero, esta es una manera de "suspender los horrores de la realidad" para retirarse a regiones imaginarias

(330). Sin embargo, en las novelas que analizamos no existe un escape hacia mundos ideales, sino más bien una interrupción de cualquier ficción utópica, ya sea de la ficción de lo político o de la comunidad. En todos los relatos que hemos analizado aquí se puede rastrear una insistencia en la experiencia del tedio, la apatía, la repetición alienante. El aburrimiento se presenta como distanciamiento: del deseo, de las relaciones amorosas, del trabajo, la creatividad o la fidelidad a una idea, el activismo o la voluntad política. Interrumpe la comunicación y los lazos entre sujetos, el compromiso afectivo o el ideológico, la continuación de la narración (en la que el lector está harto de que no pase nada), el interés general de obtener un beneficio, o el valor de cualquier objeto (incluso el diamante más valioso de la tierra).

Si pudiéramos, a la manera de un panóptico, observar al mismo tiempo a todos los personajes de las narraciones de Piñera, los veríamos subiendo y bajando una escalera sin fin, viajando en círculos en un cochecito de bebé o en una cazuela, escuchando el relato interminable de fotografías invisibles, mascando chicles, jugando canasta silenciosamente, congelándose en bloques de hielo, escribiendo la misma frase un millón de veces, nadando en seco, evitando el placer y el dolor, en suma, negándose una y otra vez a comprometerse, como autómatas repitiendo los mismos gestos absurdos e inquietantes. Así, estos simulacros de afectos, de ideas, de relaciones sociales crean un vacío que, irónicamente, sugiere que *deberían pasar cosas*. ¿Pueden leerse como síntoma de un deseo utópico? En un sentido literal, la lectura de Molinero interpreta a la escritura como un antídoto contra lo real, punto de partida hacia mundos imaginarios; pero, ¿cómo identificar estos mundos?

Resulta productiva la conexión entre aburrimiento y utopía como figuras que plantean la experiencia de la posibilidad, lo que Peter Osborne identifica como una similitud entre el "aburrimiento profundo" (Heidegger) en el que "la posibilidad del 'whatever' se hace posible"; y también la estructura de la utopía anclada en la "posibilización", es decir, la presentación de algo que todavía no está presente: "Possibility is the privileged mode of utopian thought. Indeed is the modal condition of politics in general" (37). Osborne señala a la posibilidad como una característica compartida entre el aburrimiento profundo y la utopía: "There is a utopian function to boredom in modernity as the basis of a distinctive experience of possibility" (37). Desde este punto de vista, el aburrimiento y la apatía presentan distopías que funcionan de manera (im)política, ya que suspenden la lógica de lo político y de la moral del compromiso revolucionario.

En la escritura de Piñera podríamos decir entonces, en una vuelta de tuerca a la frase de Clausewitz y de Foucault, que el aburrimiento es la continuación de la política por otros medios. Walter Benjamin afirma que nos aburrimos porque no sabemos qué estamos esperando; en esa suspensión de la Historia radica justamente, la "posibilización": "Boredom is the threshold to great deeds. –Now, it would be important to know: What is the dialectical antithesis of boredom?" (Benjamin 105). Me arriesgo a proponer que, en la escritura de Piñera, la lógica bélica de lo político es la respuesta a la pregunta de Benjamin. Es decir: el aburrimiento es la suspensión de la guerra y la continuación de la política por medios (im)políticos.

CAPÍTULO III

Lamborghini comediante

I. Política y moral

¿Qué posibilidades tuvo la literatura en los años sesentas y setentas en Argentina de escapar a los discursos antagónicos hegemónicos sin abandonar el terreno de la política? Propongo que una de sus tácticas de escape es el desvío de la dicotomía literatura apolítica vs. literatura comprometida, que se da por la negación de la politización de la moral en el espacio específico de la literatura. Esto funciona, a mi modo de ver, como una operación impolítica porque parodia la retórica hegemónica de lo político y de la comunidad, negando la universalización de valores "verdaderos" o absolutos que derivarían en una ilusión de trascendencia de la política.

¿Cuáles son los mecanismos impolíticos que se articulan en la escritura de Osvaldo Lamborghini? Por un lado, una estética del asco que produce el divorcio entre lo político y la moral y que ironiza la figura del enemigo; y por otro, el límite que impone a la universalización de valores particulares (expresados en particular, como veremos más adelante, por su oposición al estilo realista, y la negación a la prepotencia del referente).[66]

El período histórico que va del golpe de Onganía (1966) al de Videla (1976) es uno de los más complejos de la historia argentina. La autodenominada "Revolución Argentina" no se pensó a sí misma como un gobierno provisorio cuya intención era restablecer el orden para llamar a elecciones; por el contrario, se presentó como una "solución" a tiempo indefinido, negando al país la expectativa de elecciones a corto plazo. El nivel de violencia política que alcanzó la sociedad fue la antesala de la masacre y el exterminio sistemático de la dictadura militar del '76. Como lo nota Oscar Anzorena, la Doctrina de la Seguridad Nacional consideraba que el rol de las fuerzas armadas ya no se limitaba a resguardar las fronteras y la soberanía nacional, sino que:

---

[66] Más adelante desarrollaremos estos dos mecanismos impolíticos. En el caso del realismo, el estilo de onomatopeya o "tin-tin", que representa una fragmentación de sentido.

> Las fronteras serán entonces ideológicas, el enemigo será el comunismo y habrá que buscarlo y combatirlo dentro del mismo país. Cualquier pensador progresista, todo militante popular, todo movimiento en defensa de legítimos derechos pasará a considerarse sospechoso, peligroso, y vehículo de infiltración marxista. (14)

Como consecuencia de esta doctrina, las fuerzas armadas no quedan subordinadas al poder civil ni a la Constitución y tienen, por consiguiente, la atribución de suspender las libertades y los derechos civiles de los ciudadanos. En el año de publicación de *El fiord* (1969), el clima político en la Argentina iba *in crescendo* desde paros masivos y multitudinarias movilizaciones populares (el Cordobazo estalló el 21 de marzo), hasta el inicio de la lucha armada. Esto creó en la sociedad un consenso general del uso de la violencia como única salida revolucionaria para enfrentar la dictadura militar.

A lo largo de los años sesenta y setenta se consolidan además, dos tendencias en relación al campo cultural: por un lado, la política como legitimadora de la producción cultural; y por el otro, el anti-intelectualismo que plantea una relación de la cultura subordinada a la acción revolucionaria. La "voluntad de politización" delineó una brecha entre dicotomías irreconciliables (Gilman 32). Así, la tensión constante entre literatura comprometida y literatura apolítica refleja la estructura dicotómica amigo/enemigo de lo político como discurso hegemónico, que en el campo social se traduce en la equivalencia –discursiva y programática– entre política y violencia. Una vez que la política y lo político determinaron el campo de la cultura, la multiplicidad de sentidos de los significantes vacíos –"revolución", "justicia", "compromiso", "lucha", "organización", "cambio", "futuro", "liberación", etc.– fueron homogeneizados en un solo y único plano: el de la violencia armada. En los años setenta el discurso de lógica bélica se había incorporado a todos los sectores de la sociedad, con la violencia como única salida:

> Pero la violencia está lejos de ser una actividad exclusiva del estado militar y de las formaciones guerrilleras. Se ha incorporado al discurso político argentino. Durante estos años de dictadura militar se ha generalizado una revalorización del uso de la violencia como elemento válido en la actividad política. Consignas como: la violencia de arriba engendra la violencia de abajo, o la violencia en

manos del pueblo no es violencia, sino es justicia, o a la violencia brutal de la antipatria opondremos la violencia popular organizada, han ganado amplio consenso en diversos sectores políticos, gremiales, estudiantiles y religiosos a lo largo del país. (Anzorena 93)

Es evidente que las palabras se vacían de sentido en el contexto de la lucha armada en el cual, después del asesinato de Vandor y el de Aramburu en 1970 "se introduce la muerte como instrumento político" (Sigal y Verón 145). Así lo describe, por ejemplo, José Ignacio Rucci, secretario general de la CGT después del asesinato de Vandor y la destitución de Ongania:

> Golpearemos donde más les duela y ya sabemos qué es lo que les duele. No valdrá ningún argumento rebuscado del gobierno para detener la marcha del proceso. Ya no valen los discursos sino los hechos y en los hechos demostraremos cuánto valemos. (Rucci, ctdo. en Anzorena 126)

El escritor argentino Rodolfo Walsh ejemplifica de alguna manera este proceso –que ya se perfilaba en las dicotomías periodismo/literatura o testimonio/ficción que marcaron su compromiso político después de su experiencia en Cuba, y su militancia en la agrupación guerrillera Montoneros– cuando pasa de las palabras a los hechos (o más bien transforma las palabras en hechos) y manda la Carta Abierta a la Junta Militar el 24 de marzo de 1977, abandonando definitivamente la literatura como lugar de representación.[67]

En este contexto se profundiza una crisis del sistema político y se forman una serie de movimientos populares y diversos de grupos de acción armada autodenominados "fuerzas". Un ejemplo de esta proliferación de agrupaciones se traduce en un sinnúmero de siglas, situación que sin duda se ironiza en *El fiord*.[68] Lamborghini trabaja con esta semántica de

---

[67] Fermín Rodríguez hace un análisis muy acertado de esta situación, relacionando lo que llama "el efecto de irrealidad" en la escritura de Walsh, "que vuelve la realidad imposible y nos hace experimentarla como si fuera una ficción", con la escritura de Lamborghini como reverso de este espacio: "Excavando desde direcciones opuestas, ambos tropezaron con el mismo obstáculo, allí donde la desintegración del campo político y las convulsiones revolucionarias volvieron la literatura imposible […]" (158).

[68] Por ejemplo: "En 1967 se constituyen las Fuerzas Armadas Peronistas (FAP) con militantes del Movimiento Juventud Peronista (MJP), de Acción Revolucionaria Peronista (ARP) [.. .] En

la violencia transformándola en violencia de la semántica; la lleva hasta el límite de lo absurdo, sin por eso despolitizarla o frivolizarla en un gesto de rebeldía formal. Como en el relato de Wilcock "Alfred Attendu", *El fiord* ironiza las idas y venidas de actores que parecen reales pero son de cartón, el nacimiento y la muerte del líder, las diferentes alianzas y traiciones internas, la violencia exacerbada, la sexualidad exagerada, las identidades cambiantes en constante movimiento y rotación. Josefina Ludmer lo señala como una "política simbólica de la letra".[69] Pero sobre todo, en esta manera de representar la política como un continuo intercambio de posiciones de poder –que como señalamos anteriormente, se parece más a una *slapstick comedy* que a un estilo realista de "literatura comprometida"–, no sólo retrata un momento de crisis política de la Argentina, sino que lo congela en su más profundo y exagerado sinsentido, el del lenguaje que, saturado de la retórica de lo político, deja de significar.[70] Lo que se vuelve absurdo, entonces, es la lógica misma de lo político, la construcción del enemigo que se reproduce en una cadena de equivalencias antagónicas –una lógica que alcanzó a todos los sectores políticos y sociales encasillados siempre en rivalidades paradójicamente móviles–:

> Nadie puede negar que en la Argentina de un modo concreto, viviente, entendido por todo el mundo, el enfrentamiento de pueblo y antipueblo, minoría privilegiada y mayoría desposeída, clase dominante y clase revolucionaria, se ha

---

1968 el Partido Revolucionario de los Trabajadores (PRT) [...] desemboca en la división de dos corrientes: por un lado, el PRT El Combatiente conducido por Mario R. Santucho, que un par de años más tarde creará el Ejército Revolucionario del Pueblo (ERP) y por otro lado el PRT La Verdad, conducido por Nahuel Moreno, que luego se convertirá en el Partido Socialista de los Trabajadores (PST) al unirse en 1972 con el Partido Socialista Auténtico (PSA) [...] En 1968 se crean las Fuerzas Armadas de Liberación (FAL) [...]" (Anzorena 73). Y la lista sigue.

[69] Ludmer lo explica en estos términos: "Los juegos de las iniciales de los nombres y sus posiciones (*la política simbólica de la letra*) construyen cada vez las posiciones de los sectores de lucha y las cartas del género: un juego entre las letras-nombres-cuerpos, que también es el enfrentamiento entre, por ejemplo, Vandor y Framini o entre las dos CGT" (56).

[70] Nancy Fernández formula la siguiente pregunta con respecto a *El fiord*: "¿Y cómo podríamos analizarlo? Probablemente desde la operación que el autor practica, a saber, una diseminación y vaciamiento de sentidos en un continuo, cuya superficie es la letra que anula las contradicciones lógicas entre arriba/abajo, adentro/afuera. Véanse sino esas figuras que harían las veces de personajes (la categoría de personaje no entra en *El fiord* ya que es un texto contra la modalidad realista y el realismo hacía del personaje y el narrador el eje central) ("Los hermanos Lamborghini en su tradición ").

manifestado concretamente en el enfrentamiento antiperonismo y peronismo. Esto se ratifica cuando comprobamos que el dilema concreto está en asumir uno de los dos polos. Delante del conflicto peronismo-antiperonismo no se puede ser neutral. (Informe de la regional Mendoza del "Movimiento de Sacerdotes para el Tercer Mundo", ctdo en Anzorena 74)

Para darnos una idea de la posición de Lamborghini con respecto a su compromiso político, una escena que menciona la biografía escrita por Ricardo Strafacce –en la cual Lamborghini y Rodolfo Walsh se encuentran una noche en la casa de Pirí Lugones–, nos sirve de pintoresco ejemplo. Según el autor, Walsh se esforzaba en hacerle entender a Lamborghini:

> [...] la inconveniencia "estratégica" de emplear la sigla de la Confederación General de Trabajadores de la manera en que lo hacía en *El fiord* en un momento político como el que vivía el país. Germán García creyó entender, azorado, que Lamborghini le preguntaba a Walsh si no se había dado cuenta de que a la Argentina le había ocurrido *El fiord*. (Strafacce 231)

Strafacce menciona la declaración de Walsh sobre la función de la literatura, la famosa metáfora de la máquina de escribir que puede usarse como arma o como abanico. Que *El fiord* haya "ocurrido" a la literatura (con su correspondiente implicancia de ausencia de programa político), y que además exista una versión de que Lamborghini le haya dicho esta frase precisamente a Walsh, se presenta como una escena en la cual las divergencias en la representación de la política ya no podían ser etiquetadas tan fácilmente dentro de la dicotomía comprometido/apolítico. Cabe preguntarse entonces si la escritura de Lamborghini encaja con alguna de estas dos definiciones que, por otro lado, eran determinantes de la época.[71]

Es interesante considerar que mientras Walsh se comprometía con la militancia política de Montoneros y escribía la Carta de Denuncia a la Junta Militar que le valió su persecución, secuestro y asesinato en manos de la dictadura, Lamborghini fundaba su propia "Escuela" de Psicoanálisis

---

[71] Al respecto, Adriana Astutti señala que Lamborghini y Walsh parecen estar actuando el tema del traidor y del héroe, respectivamente: Walsh "responde con la moral de lo justo y muere como un héroe" mientras que Lamborghini es "el otro con la ética de lo menor: mujer, bufón, borracho, cobarde, payaso, traidor..." (80).

en Mar del Plata (escuela "Fiordiana") y firmaba las cartas que enviaba a la Escuela Freudiana de Buenos Aires como "O.V.Lambort-Hartz", "M. Bonaparte, la mujer con pene", o "Lord Acting Out" (Strafacce 515, 522, 533). En este sentido es posible trazar un paralelo con la figura del perdedor que Ana María Amar Sánchez identifica como una opción ética de escritura. Ésta concibe al perdedor o antihéroe como "metáfora de la historia" (16) en la cual se lee un retiro, una decisión ética y política de no participar: "[…] una estrategia, un ejercicio de poder, una forma de exilio, que se opone y resiste al horror del sistema" (Amar Sánchez 19).[72] Así, en la escritura de Lamborghini el perdedor ("Estropeado!", por ejemplo, el "entrañable Sebas", o "Nal") debe ser leído de manera irónica; menos como propuesta de resistencia que opone ganador-perdedor, que como gesto que vuelve ambigua la certeza de esta dicotomía y la cuestiona.

La idea de intelectual comprometido, como lo refiere Claudia Gilman, conjuga al mismo tiempo un saber especializado con "una conciencia humanista y universal" (72). Esta conciencia marca la figura del intelectual como portavoz y dador de sentido que se define en torno a una noción de cambio radical que, señala Gilman, implica tanto una posición con respecto a la cultura como al poder, ya que producen representaciones del mundo social que constituyen una dimensión fundamental de la lucha política (16).

Podríamos afirmar, sin lugar a dudas, que Lamborghini estaría entonces más cerca del abanico que del arma, entre otras cosas, porque es imposible imaginar ninguno de sus textos como "portadores de una conciencia universal". Sin embargo, la posición de Lamborghini no puede encasillarse en ninguno de los dos polos hegemónicos. No es, sin duda, apolítica, sino más bien, como nota Sergio Chejfec, identifica cierta imposibilidad de la política en un gesto de "interpelación":

---

[72] Vale aclarar que el análisis de Amar Sánchez se centra en las novelas (latinoamericanas y españolas) a partir de los años noventa, en el cual, entre otras, se plantea la cuestión de cómo escribir después de la dictadura, un clima político y una problemática completamente diferente del contexto histórico de nuestro *corpus*.

Escrituras Impolíticas

> Me parece que entre Walsh y Lamborghini se dibuja un perfil contradictorio de ese momento –aunque difícil de identificar en un punto en particular– *en el que la literatura argentina advirtió que ya no podía seguir interpelando como hasta entonces a la política y a la sociedad en general.* Ambos respondieron de manera diferente –recurriendo a un tipo de material similar, aportado por la ideología– a la preocupación –bajo la forma de mandato o de denegación– por incluir la política en la representación literaria. Los efectos de tales gestos hoy pueden parecer instalados en el paisaje desde siempre; sin embargo en su época fueron las señales que *indicaban que una posibilidad cierta de ruptura literaria pasaba por la representación de la política según los cánones menos asimilados por las instituciones literarias,* desde la prensa crítica hasta la crítica académica. (111-112; énfasis mío)

En esta coyuntura, entonces, es posible leer la escritura impolítica de Lamborghini contra las opciones dicotómicas hegemónicas entre "despolitización y teología, o de nihilismo y apología" (Esposito 35). El discurso de lo político en el registro de la moral representa menos una declaración de principios morales *per se* (que aparecen en los diferentes discursos de las dictaduras militares desde de Uriburu hasta Galtieri), que como una estrategia de demarcación discursiva que diferencia un "nosotros" y un "ellos". De esta manera lo presenta Analía Dilma Rizzi en su trabajo de análisis de los discursos golpistas en Argentina:

> La definición del enemigo como *perturbador* y *sectario* se repite en el golpe del 43, pero, además, los presidentes del período introducen un término de fuerte connotación negativa, destinado a perdurar en el lenguaje de los regímenes de facto posteriores: el de *subversión*. Así como este término comparte con sedición, el sentido de la alteración de un orden, su sentido se extiende más allá, hacia una dimensión que *supera lo político para colocarse en el campo de lo moral.* Subvertir no es solamente alterar el orden político establecido, sino, y ante todo, perturbar, trastornar, negar, y aún más, emprender acciones contra los valores morales de la sociedad. Si para Uriburu la cuestión del enemigo se centraba en una disputa por el orden político que se consideraba válido para el pueblo argentino, los golpes de estado posteriores agregan y, a la vez, instalan en lugar principal, una lucha por la salvación de los valores trascendentes del pueblo argentino o los de un orden más amplio aún, el de la civilización occidental y cristiana. (8; énfasis mío)

La universalización de valores es posible por una traslación de lo político al campo discursivo de lo moral que opera en una esfera doble:

la de lo nacional y la de la civilización occidental en su totalidad. No hay escape, entonces, para esta retórica que crea un espacio bélico transformando automáticamente al *otro* en subversivo. Las metáforas de la enfermedad y del cáncer en la sociedad –la célula subversiva que ataca el cuerpo social– contribuyen a legitimar ese mecanismo, instalando la visión de que la única solución es una "defensa orientada al exterminio" (Vezzetti, ctdo. en Rizzi 14). Asimismo:

> Esta representación del enemigo desde la carencia de valores éticos fundamentales opera como dispositivo legitimador de la represión estatal, en tanto el oponente no puede ser recuperado para la sociedad sino que debe ser "erradicado" para siempre de ella. (16)

Lamborghini lo sintetiza a la manera de "Pierre Menard" en *Sebregondi se excede*:

> Después del 24 de marzo de 1976, ocurrió. Ocurrió, como en *El fiord*. Ocurrió. Pero ya había ocurrido en pleno Fiord. El 24 de Marzo de 1976 yo, que era loco, homosexual, marxista, drogadicto y alcohólico, me volví loco, homosexual, marxista, drogadicto y alcohólico. (Lamborghini, *Novelas y cuentos I* 171)

Esta frase, de la misma manera que en los pasajes de Cervantes y Menard comparados en el relato de Borges, se vuelve oráculo y testimonio de un cambio de sentido. Escribe Borges: "Las cláusulas finales –*ejemplo y aviso de lo presente, advertencia de lo por venir*– son descaradamente pragmáticas". En la frase de Lamborghini también podemos leer un aviso de lo presente y una advertencia de lo por venir. Palabras idénticas pronunciadas antes del golpe no pueden leerse de la misma manera después del golpe; traducen, con una simpleza brutal, la construcción discursiva del enemigo y, por tanto, desencadenan la violencia de un nacimiento, "como en *El fiord*".[73] El sujeto textual Lamborghini, como señala Elsa Drucaroff, entonces, se constituye como "sujeto para la represión".

---

[73] Elsa Drucaroff interpreta esta frase como un gesto combativo del "sujeto textual" que se contrapone a la "operación Lamborghini" –la lectura crítica posterior a su muerte que neutraliza el potencial político de su obra–: "¿Qué operación textual hace Osvaldo Lamborghini en *Sebregondi se excede*, al construirse en primera persona como sujeto de la escritura? [...] define *un sujeto para la represión, un cuerpo apto para ser desaparecido por loco, por homosexual, por marxista, por drogadicto, por alcohólico*" (8; itálicas en el original).

Me interesa precisamente esta operación porque pone en escena los mecanismos de moralización de lo político, la deshumanización del enemigo absoluto y su correlato obligado de violencia y terror. Este es claramente el enemigo político, público, que, en palabras de Carl Schmitt, conforma "el antagonismo más extremo e intenso" (28). Como mencionamos en la introducción, esta construcción discursiva es consecuencia de lo que Chantal Mouffe llama la "moralización de la política", cuando la oposición nosotros/ellos se construye de acuerdo a las categorías morales de bien vs. mal (75). El "adversario" se transforma entonces en "enemigo", y el enemigo en maligno, diabólico, perverso:

> With the 'evil them' no agonistic debate is possible, they must be eradicated. Moreover as they are often considered as the expression of some kind of a 'moral disease' [...] (76)

Esta operación es análoga a la legitimación de un "nosotros" también universal; Mouffe da como ejemplo la retórica abstracta que Schmitt anticipaba como una manera de deshumanización del enemigo:

> When a state fights its political enemy in the name of humanity, it is not war for the sake of humanity, but a war wherein a particular state seeks to usurp a universal concept against its military opponent. At the expense of its opponent, it tries to identify itself with humanity in the same way as one can misuse peace, justice, progress and civilization in order to claim these as one's own and to deny the same to the enemy. (ctdo. en Mouffe 78)

Por lo tanto, el ubicar la política en el registro de la moral abre el camino para la transformación de la política en biopolítica; y aquí la relación antagónica se vuelve imposible (y sólo queda el exterminio) porque la política, inscrita y escrita en los cuerpos, los vuelve meras superficies, organismos.[74] En este sentido, la frase de *Sebregondi retrocede* es premonitoria no sólo de los vericuetos retóricos de la dictadura argentina, sino también de sus métodos de exterminio.[75] O mejor dicho,

---

[74] Como nota Gabriel Giorgi, representan "[...] el *límite exterior* de lo social y de lo político en general: el límite con la vida orgánica, animal, natural, con lo que hace a lo meramente fisiológico [...]" (234; énfasis en el original).

[75] *Sebregondi retrocede*, segundo libro de Lamborghini, se publica en 1973 y originalmente era un libro de poemas. Escribe César Aira: "La tapa tenía el mismo emblema que la de *El fiord*: un

de lo inseparable de estos dos: "El poder es capital moral transformado en capital político" (67), dice el número uno de la revista *Literal* (1973); así, la operación de retirar el "cristal de la moral" de los cuerpos hace visible el límite y la artificialidad de la política, su funcionalidad técnica, su teatralidad inmanente, su voluntad (e incapacidad) de trascendencia.[76] Pero también el efecto de la política en los cuerpos mismos, el efecto de materialidad que en la retórica de las diferentes dictaduras militares unen "bio" con "política" y la transforman en una política de exterminio, política de la "muerte desnuda", parodiando a Agamben.

El proceso de moralización de lo político es análogo a la conjunción entre bien y poder en la retórica del Estado, como se ve claramente en el análisis de Garzón Valdéz sobre dos bases ideológicas fundamentales del discurso oficialista de la dictadura del '76 (y que se puede pensar también para la dictadura de Onganía). Estas son: a) la afirmación de la existencia de verdades absolutas de la moral, y b) la creencia en la necesidad moral de hacer valer los propios ideales, basados en verdades, aún cuando ello lesione los intereses de los demás (Rizzi 37).

En Lamborghini, una manera de evadir la naturalización de la conjunción entre antagonismo político y moral se produce por una estética del asco: "la pastosa sangre continuábale manándole de la boca y de la raya vaginal; defecaba, además, sin cesar todo el tiempo" (*El fiord* 10). Esta estética lleva hacia el límite el efecto de rechazo que produce en el lector. Sin embargo este rechazo no puede tomarse como algo puramente subjetivo, individual, ya que apunta a lo colectivo, y es, en definitiva, político, como anota Roberto Esposito en *Immunitas: Protección y negación de la vida* (2002):

---

dedo señalando hacia arriba, entre fálico y tipográfico. De éste se vendieron unos mil ejemplares, y Osvaldo comentaba, filosófico: 'Efectos del *boom*. De su primer libro Borges vendió sesenta y cuatro'" (Aira, "Prólogo" 4).

[76] Véase el documento "El matrimonio entre la utopía y el poder" de la revista *Literal* (1973-1977) dirigida por German García, Osvaldo Lamborghini y Luis Gusmán, y en la que participaron hasta 1977.

> Para relacionarse con la vida, la política parecería tener que privarla de toda dimensión cualitativa, volviéndola "sola vida", "pura vida", "vida desnuda". De aquí la relevancia decisiva atribuida a la semántica del cuerpo [...] El cuerpo es el terreno más inmediato para la relación entre política y vida [...] (25-26)

Lamborghini parodia esta relación entre vida y política por medio del exceso de los cuerpos en la "fiestonga de garchar" de *El fiord*, en textos como *Sebregondi retrocede* (y en especial en "El niño proletario") y también por medio de la insistencia, la recurrencia del "tintín" de la gauchesca en su escritura. La "semántica del cuerpo" en Lamborghini articula la especificidad del lenguaje (el estilo) con lo político, y crea un espacio en el cual se hacen visibles ciertas problemáticas (sociales, ideológicas, políticas, formales) que no pueden resolverse fácilmente en la dicotomía comprometido/apolítico, o su alternativa metafórica arma/abanico. De este modo, hace visible el conflicto de la literatura de escapar de las divisiones hegemónicas que la definen.

Esta estética se nutre además de sentimientos y emociones negativas: traición, humillación, ira; que, por un lado, están arraigados en lo corporal; y por otro, tienen una connotación social. Son socialmente despreciables, ofensivos y por sobre todo, niegan el vínculo social rechazando las convenciones de la moral:

> Conecté el falo a la boca respirante de ¡Estropeado! Con los cinco dedos de la mano imité la forma de la fusta. A fustazos le arranqué tiras de la piel de la cara a ¡Estropeado! y le impartí la parca orden:
>
> –Habrás de lamerlo. Succión–
>
> ¡Estropeado! se puso a lamerlo. Con escasas fuerzas, como si temiera hacerme daño, aumentándome el placer. (*Sebregondi retrocede* 61)

Aquí se sincroniza escritura y política con una referencia histórica y estilística a la gauchesca. Por un lado, la fusta para violar a ¡Estropeado! remite a la violación del unitario de *El matadero*; y por otro, la referencia al texto de Echeverría apunta a un contexto político signado por la dicotomía civilización o barbarie.[77] Esta estrategia de estilo se acerca a lo que Luz Horne denomina "realismo despiadado" que se diferencia del naturalismo costumbrista en el cual "se dice lo indecible domesticándolo" porque:

> Logra decir lo indecible de un modo despiadado, sin transformarlo plenamente en 'decible', y sin sacarle, consecuentemente, su poder disruptivo. [...] al mostrar que el cuerpo individual es un cuerpo biopolítico en el que se vuelve borroso el límite entre naturaleza y cultura –se recupera la potencialidad política de la literatura. (171-72)

En Lamborghini, este "mostrar" va más allá de representar una imagen disruptiva (y por cierto la violación de ¡Estropeado! califica como tal) porque es imposible leer la violación del niño proletario sin pensar, además, en la dominación de clases como forma de violencia política ejercida en y contra el cuerpo. Pero este cuerpo es por sobre todo un cuerpo político (colectivo) atravesado por la diferencia, la historia y la tradición que encuentra en la gauchesca la coyuntura exacta en donde lo político define la literatura.

La gauchesca es un *locus* de representación de lo político tanto en su contexto original de producción del siglo XIX, como la lucha entre civilización y barbarie encarnada en las facciones de federales y unitarios, como también en ciertas reinterpretaciones posteriores del género. Significativa es la lectura que hacen Jorge Luis Borges y Adolfo Bioy Casares en su antología de la gauchesca publicada en 1955, en la cual, como señala Laura Demaría, se enfatiza un criterio estético en la selección y la significación de las obras seleccionadas obviando así el criterio político, paradoja ésta que devela precisamente la intención política de negar la interpretación nacionalista y revisionista de la gauchesca asociada con el peronismo (20-30). Estas lecturas ponen en escena la lucha por el capital simbólico de lo político (es decir, la definición discursiva del enemigo) que determina al género. En Lamborghini, la referencia recurrente al "tin tín" y a José Hernández condensan la articulación entre ideología y escritura y lo hacen por medio de un trabajo con el lenguaje, al cual Natalia Brizuela

---

[77] El personaje "Esteban" también alude directamente a Echeverría.

y Juan Pablo Dabove interpretan como lo "intraducible" en relación con la literatura gauchesca:

> Cómo traducir, podríamos también preguntarnos, el "tin tin" que atraviesa *Sebregondi retrocede* sin confinarlo a su referente Ascasubi. Aunque es indudablemente "el tin tin para todo gaucho" también, de modo más radical y contundente, una onomatopeya que como cuchillo o navaja corta la lengua haciéndola "tintinear" [...] (14)

La pregunta por el sentido del "tin tin" va más allá de la referencia a Ascasubi; problematiza, a mi modo de ver, la manera en que Lamborghini representa lo político (en la definición de Schmitt).[78] La referencia a Ascasubi alude a una coyuntura en que lo político lo invade todo, especialmente la escritura, y sin embargo, este "hacer tintinear la lengua" (el sentido como onomatopeya) constituye en Lamborghini una paradoja, estrategia de distancia y escape a las dicotomías propias de lo político que saturan la literatura gauchesca. De esta manera, Lamborghini llama la atención a un momento de la historia argentina signado por lo político como antagonismos irreconciliables, a un período particular donde la violencia del tintin "para todo gaucho" tiñe de rojo, como en *El matadero*, al niño, a la masa popular, al toro, al extranjero, al unitario. Y es, además, una referencia directa al mandato hegemónico de la función del escritor como intelectual, cuya misión sería la de portavoz y portador de una consciencia universal, como agente de cambio que cumple con la utopía del socialismo y realiza la lógica de la historia. Si en *El matadero* se tortura al unitario como alegoría de la persecución de Rosas a los intelectuales opositores al régimen, en el "Niño proletario" se tortura y asesina a un agente histórico y universal (el proletariado), un agente que, de la misma manera que el intelectual latinoamericano de los sesentas y setentas, tiene como destino histórico la revolución. La escritura, entonces, expone los mecanismos de construcción de los discursos hegemónicos en el estilo del tintin y en el exceso, creando un escape de las dicotomías de lo político.

---

[78] Hilario Ascasubi escribió el famoso poema "La refalosa" que describe los métodos de tortura de la policía llamada "mazorca" de Juan Manuel de Rosas.

Ludmer analiza la relación entre *El fiord*, el poema "La refalosa" de Hilario Ascasubi, *El matadero* de Esteban Echeverría y "La fiesta del monstruo" de Borges y Bioy Casares; textos que, de la misma manera que los de nuestro *corpus*, han sido escritos en "puntos nodales" históricos y políticos en donde la construcción discursiva del enemigo se configura como centro del discurso hegemónico. Dos puntos principales nos interesan aquí del análisis que hace Ludmer de la relación entre "La refalosa" y *El fiord*: uno es el doble uso del significante "salvaje"; y otro es lo que llama "la representación del mal en la lengua" (147). El significante "salvaje" posee un sentido "bumerang" que se vuelve violencia política en contra del que lo usa: el salvaje ataca al salvaje y ya no se sabe cuál es la diferencia. La escritura de Lamborghini recupera ese significante "bumerang": "todos somos verdugos y verdugueados", dirá el narrador de *El fiord*, haciendo visible lo absurdo y el terror del "universo patria o muerte". *El fiord* acelera y exagera todas las dicotomías ideológicas, desdibujando sus límites. Según Ludmer:

> Los dos espacios, y también los extremos de la derecha y la izquierda, se refieren mutuamente en un movimiento de pulsación que culmina en la negación de uno por el otro, en la transformación de uno en el otro, y en la afirmación de que los dos son verdaderos y falsos a la vez. [...] los extremos se relacionan por la contigüidad [...] La lógica de lo simbólico se funde con la lógica política de lo real para transformarla en imposible. Ese código central que articula *El fiord* es el punto infinitesimal donde las fiestas del monstruo se pierden. (157-158)

Los "dos extremos" que se niegan el uno al otro, ironizan la disyuntiva patria o muerte, en una operación semántica que cambia simbólicamente la "o" por la "y". Este cambio de sentido resulta en la opción misma como artificio: ya no es patria o muerte sino patria *y* muerte.

II. Sentimientos Desagradables

Lamborghini articula la proliferación de afectos políticos que constituyen el discurso populista del Peronismo con el de la violencia creciente de una sociedad dividida; así, el efecto de rechazo y repugnancia en las representaciones excesivas de la violencia sexual y las emanaciones del cuerpo despersonaliza y deshumaniza sus personajes, de la misma manera que, según Sianne Ngai, hace la novela de Melville *The Confidence-Man*. En su libro *Ugly Feelings*, Ngai plantea que:

> This unusual proliferation of indistinct but insistently reappearing characters (all of whom seem more like representations of functions than the representations of persons) impacts as much of the novel's discursive noisiness as on its emotional opacity. (50)

El lenguaje, así como los personajes y los afectos que circulan entre ellos, niega la posibilidad de comunicarse o conectarse por otro medio que no sea lo que Ngai denomina "ugly feelings". La autora se propone recuperar la productividad crítica de ciertos sentimientos negativos, especialmente los que denomina "amorales" y "no-catárquicos" porque no ofrecen satisfacción ni en la virtud, ni en sentimientos terapéuticos de purificación o de alivio. El libro se aproxima a las emociones como:

> [...] unusually knotted or condensed "interpretations of predicaments"–that is, signs that not only render visible different registers of problem (formal, ideological, sociohistorical) but conjoin these problems in a distinctive manner". (3)

Encuentro ciertas analogías en este proyecto teórico –al que se denomina "bestiario de afectos"– con las escrituras de nuestro *corpus*, ya que éstas también insisten en presentar un catálogo de sentimientos desagradables de connotación política. Me interesa especialmente su análisis de estos sentimientos negativos como una clase de "resistencia pasiva" o una forma de "acción suspendida", en la modalidad de "Bartlebyan politics". Esta resistencia pasiva es representada en nuestros textos, por ejemplo, en las metamorfosis de Wilcock, en que los personajes cambian de forma como una manera de evitar y resistir a la economía productiva de los afectos y de la comunidad. De la misma manera que Bartleby escapa al sistema capitalista de producción y de trabajo respondiendo siempre "preferiría no hacerlo", los personajes de Wilcock, transformados en objetos sin sentido, dejan de funcionar como parte de la familia y de la comunidad; y los de Piñera, subiendo y bajando incansablemente una escalera, nadando en seco, viajando en un cochecito de bebé o asistiendo a la lectura del álbum por ocho meses, se *retiran* de la comunidad y al mismo tiempo *retiran* a la comunidad como *locus* identitario.

La escritura de Lamborghini, por otro lado, manipula una desproporcionada repetición de "sentimientos desagradables" que, junto a la deshumanización de los personajes y sus relaciones afectivas y emocionales, reproduce y parodia el desborde de la política a todos los ámbitos de la sociedad. En *El fiord* (1969) las relaciones maternales y paternales, así como las de amistad y amor o la pasión sexual (entre Alcira Fafó y el narrador, o el narrador y el "entrañable Sebas", el loco y Carla Greta Terón, el Loco y su hijo, Atilio Tancredo Vacán, etc.) se nombran pero no se desarrollan a nivel afectivo; por el contrario, hacen evidente la falta de afectos, emociones y vínculos interpersonales. De hecho, los afectos que (no) circulan en los textos de Lamborghini marcan una insistencia en la mecanización y artificialidad de las relaciones y la falta total de vínculo que no sea el de las instituciones políticas y estatales, la militancia, y la retórica política. La negatividad de estos afectos, estereotipados y parodiados en textos como *El fiord* y en "El niño proletario", lleva a reflexionar sobre lo que Jonathan Flatley identifica como la historicidad de la experiencia afectiva:[79] "The disclosure of the historicity of subjective emotional life always beckons toward a potentially political effect" (106). Así, Flatley afirma que la emoción y los afectos pueden ser leídos como dato histórico, y como vínculo potencial de politización con los otros (92).

Desde esta perspectiva, la escritura de Lamborghini presenta un mapa afectivo de la sociedad y del campo cultural en el contexto de los años sesentas y setentas en la Argentina. En este mapa es posible rastrear además un camino que va desde *El fiord* (1969) hasta *Sebregondi retrocede* (1973), el cual traza dos niveles paralelos: por un lado, la distopía de la revolución

---

[79] En la lectura de Flatley, "This book has so far argued for the usefulness of the term "affective mapping" to name a particular set of aesthetics strategies that allow one to perceive the historicity of one's affective experience, especially experiences of difficult, potentially depressing, loss. By historicity here, I mean first of all the specificity of a particular historical moment. The affective map represents subjective emotional life as the precipitate formed by the intersection of a set of social processes and institutions, and as such shared by other persons who are subject to the same forces" (105).

y el simulacro de afectos políticos que ésta desencadena en el texto de los sesenta; y por otro, la escena de exterminación del enemigo absoluto en el texto de los setenta (especialmente en "El niño proletario", pero también en la figura del marqués de Sebregondi análoga a la de Lamborghini como "sujeto textual para la represión").[80] Este mapa, funciona además como una guía para interpretar ciertas alianzas políticas. En palabras de Flatley:

> In short, without and affective map, the most basic political acts–the distinction between friend and foe, danger from safety, despair-inducing from interest-enhancing experiences–become impossible; we are reduced to operating as if dumb or blind. (79)

Sin embargo, éste es un mapa irónico que, al parodiar la coyuntura histórica de manera exacerbada, crea la distancia necesaria para una lectura crítica. Leer a Lamborghini desde el mapa afectivo que representa despliega su potencialidad impolítica: indaga en la relación dialéctica entre la representación del afecto y la ideología y muestra la artificialidad del discurso de lo político enmarcado en la dicotomía amigo/enemigo.

¿Cómo identificar, entonces, la distinción amigo/enemigo en *El fiord*? La figura de la traición alude, por un lado, a la rivalidad entre los sindicalistas Augusto Timoteo Vandor (que proponía "un peronismo sin Perón") y Andrés Framini que apoyaba a Perón cuando éste estaba en el exilio; y por otro, a la *movilidad* (o disponibilidad) de la imagen del enemigo. Esta disponibilidad se representa en *El fiord* como parte de una cadena de extremos opuestos: "No sabemos bien qué ocurrió después de Huerta Grande. Ocurrió. Vacío y punto nodal de todas las fuerzas en tensión. Ocurrió" (18). Como ya ha señalado la crítica, el asesinato y la ingesta del Loco Rodríguez remite al mito de la horda originaria de Freud, traición originaria (y cruce entre los discursos de la política y del psicoanálisis), donde la violencia de la comunidad se hace presente. Nancy Rodríguez conecta este nacimiento a la violencia fundante de *Tótem y tabú*:

> El acta de nacimiento del "chico de mierda" rompe el pacto de la lengua social para instalar una jerga. La instancia obscena que apuesta a la mostración directa y carnal de la palabra-cuerpo, cuerpo-palabra impugna la distancia

---

[80] Véase "Los hijos de Lamborghini" de Elsa Drucaroff.

sagrada de la mirada idealizadora y externa. Aquí mismo hay que situar la parodia de *Tótem y tabú*, de S. Freud, apellido que presta un anagrama para el sentido/significante de la escena de incesto materno, parricidio y fagocitación final del líder. *El fiord* destituyó la mirada para poner en su lugar el tacto y la materialidad sexuada. (110)

El loco, padre de la criatura que está por nacer, arremete contra la madre Carla Greta Terón (CGT), le rompe los dientes, le da con un látigo, se le sube encima y desencadena una serie de "fiestongas" que son interpeladas siempre por algún hecho político: "Sebas", en su rincón donde yace "entre trapos viejos y combativos periódicos que en su oportunidad abogaron por el Terror" (11), grita "¡Viva el Plan de Lucha!", sus murmullos de "CGT, CGT, CGT…" (*El fiord* 12), acompañan la orgía y la emergencia de la cabeza del recién nacido Atilio Tancredo Vacán (iniciales de Augusto Timoteo Vandor). La rebelión contra el Loco, que comienza con la "tercera *de*posición"[81] del narrador y continúa con el festín caníbal, desencadena un *exceso de opuestos*: las manos aserradas de la mujer que ofrenda "la derecha y la izquierda"; las "hoces, además, desligadas eterna o momentáneamente de sus respectivos martillos y fragmentos de burdas esvásticas de alquitrán: Dios, Patria y Hogar […]"; y la "sonora muchedumbre" en contraposición con "el rostro de cada uno de nosotros" (17-18). Esta cadena de opuestos culmina en una reflexión del narrador que cuestiona, precisamente, la idea misma de la oposición amigo/enemigo:

> Me pregunto si yo figuro en el gran libro de los verdugos y ella en el de las víctimas. O si es al revés. O si los dos estamos inscriptos en ambos libros. Verdugos y verdugueados. No importa en definitiva […] El Loco me mira mirándome degradándome a víctima suya: entonces, ya lo estoy jodiendo. Paso a ser su verdugo. Pero no se acabó ni se acabará lo que se daba. (*El fiord* 18)

Este pasaje condensa las contradicciones de los discursos políticos hegemónicos en los cuales la violencia se constituye como instrumento determinante de lo político; alude (como hemos mencionado anteriormente), a lo que Susan Buck-Morss llama el "blind spot", la zona

---

[81] El peronismo era caracterizado como "tercera posición": "ni yanquis ni marxistas; peronistas".

en la cual el poder está por encima de la ley y potencialmente se transforma en terreno del terror, la "la zona salvaje del poder" ("the wild zone of power") (2). Lo interesante es esta paradoja constitutiva de la legitimación de la soberanía del Estado moderno, que recurre a la violencia fuera de la ley, de la misma manera que su enemigo: "Modern sovereignties also possess a supralegal or perhaps prelegal form of legitimacy, precisely the wild zone of arbitrary, violent power, and it lies at their very core" (4). Buck-Morss se refiere al desborde de la violencia del Estado que intenta sostener su monopolio legítimo por medio de la guerra: "the wild zone is thus a war zone" (8).[82] Por lo tanto, en el acto de nombrar el enemigo común se constituye la legitimación de la soberanía del Estado.

En *El fiord*, la "zona salvaje del poder" expone la imposibilidad de un criterio estable que defina la diferencia entre amigo/enemigo. De esta manera, el enemigo es una figura móvil, es decir, un significante vacío. En esta estrategia está entonces el nudo de su capacidad (im)política: por un lado, el escape a las dicotomías de lo político; y por otro, la ambigüedad en la representación del enemigo. Mi lectura, entonces, ubica *El fiord* "más allá" de ser un reflejo de la violencia de los años sesentas en la Argentina, como un mecanismo de desarme de la retórica discursiva y afectiva de lo político que funciona dentro de la categoría de lo (im)político. Esposito, citando la escritura impolítica de Simone Weil, lo señala de esta manera:

> El verdadero motivo de la guerra no es insondable por estar cubierto de los velos de las ideologías oficiales, oculto por alguna otra cosa, según la tradicional lectura marxista, sino porque, hablando esencialmente, no existe. Es una casilla vacía, como todas las palabras de orden, verdaderos "monstruos" imaginarios que pueblan nuestro universo político: guerra, revolución, progreso, democracia: 'Se pueden tomar casi todos los términos, todas las expresiones de nuestro diccionario político, y al abrirlas, en el centro, encontraremos el vacío.' (237)

El mapa afectivo que traza *El fiord* deja al descubierto ese vacío: el de la retórica bélica y el de las alianzas políticas que ésta construye, y de

---

[82] Es necesario aclarar que Buck-Morss se refiere a una soberanía democrática: "Hence the paradox: Democratic sovereignty is able to claim as legitimate the nondemocratic exercise of violent power" (10). En nuestro argumento la lucha por el poder se da entre el Estado y la militancia política de resistencia.

esta manera, expone su artificialidad y su imposibilidad de trascendencia más allá de la política. Destruye, en definitiva, el nexo simbólico entre bien y poder. Según John Kraniauskas, *El fiord:*

> [...] se ofrece a ser leído como alegoría de la emergencia de una 'izquierda nacional', la transformación 'socialista' del peronismo [...] así como la prefiguración de cambios futuros en los inicios de los '70 (y los orígenes de la guerrilla urbana y los Montoneros). (45)

Esta interpretación da al texto de Lamborghini un carácter premonitorio y, por otro lado, lo lee como "espejo" de la realidad política de los años '70. El texto, según el crítico, elimina los "sentimientos subjetivos que fueron transformados en fuerzas organizadoras, esto es, en afectos políticos" (48). Me interesa esta neutralización de los afectos políticos que señala Kraniauskas porque es posible interpretar una doble operación semántica: por un lado, se da un distanciamiento de las fuerzas afectivas y emocionales que dan sentido al Peronismo; y por otro, se expone su ficcionalidad discursiva. Es precisamente esta manipulación y exacerbación de afectos políticos –que en la escritura de Lamborghini contribuye al efecto *slapstick comedy*– que se desvía (parodiándola) de la legitimación de la escritura por la ideología y apela a dispositivos "posthegemónicos" (Beasley-Murray):

> History impacts on bodies immediately. Even the terms "mark" and "impact" are misleading; it is not that bodies are history's recording surface and affect its ink; we need to break from the representational logic that characterizes hegemony theory. Rather, immanence is the key to understanding affect. Affect is not what happens to a body, but part of a process by which a body becomes other to itself [...] (Beasley-Murray 131-132)

Al parodiar la lógica hegemónica, la escritura recurre a lo que hemos mencionado anteriormente como "semántica del cuerpo". Beasley-Murray afirma que el impacto de los afectos no sólo radica en lo corporal-material, sino también en la posibilidad de pensar una teoría afectiva del poder; es decir, una alternativa al postulado de que la hegemonía se constituye por el consenso o la coerción social y se legitima solamente por la ideología (127). El concepto de post-hegemonía afirma que no hay hegemonía y que el orden social no ha sido nunca fundado en la ideología (sino en el hábito, el afecto y la multitud). No es mi intención interpretar los textos de Lamborghini desde una concepción puramente post-hegemónica, sino más bien remarcar la dialéctica entre afecto e ideología que se produce en la retórica hegemónica parodiada en *El fiord*.[83]

En este punto, entonces, es posible leer el mapa afectivo que traza Lamborghini: hecho de cuerpos violadores y violados, mutilados y mutiladores, "reales" y ortopédicos, sexuales y políticos; cuerpos que encarnan y escenifican el proceso por el cual éstos se vuelven "otro que sí mismo" en un simulacro de los afectos políticos que (re)construyen la retórica del Peronismo, de la represión, de la guerrilla, del sindicalismo, de la militancia política. Esta escritura pone en escena la política de los afectos, una brecha para la cual la ideología está siempre presente y resulta insuficiente; la expone entonces como "talón de Aquiles" del pacto hegemónico. En el mapa afectivo que dibuja *El fiord*, la ideología y las negociaciones políticas son incapaces de crear el pacto que cohesione lo social, ya que son los afectos los que circulan y desbordan siempre los cuerpos, transformándose en violencia y terror.

Lamborghini parodia, precisamente, el simulacro exacerbado de los afectos que se escapan al contrato hegemónico legitimizado por la ideología; y captura un exceso irrepresentable por las palabras: el sinsentido de la retórica política de los sesentas y la movilidad de la figura del enemigo que muere y renace y nunca se acaba lo que se daba, "como en *El fiord*".

---

[83] En este sentido, Laclau señala la importancia del afecto en su concepción de la hegemonía. En *La razón populista* (2005) indaga en la relación entre significación y afecto, y afirma: "De esta manera podemos concluir que cualquier totalidad social es resultado de una articulación indisociable entre la dimensión de significación y la dimensión afectiva" (142-147). Es decir, que la hegemonía (que Laclau indaga en el fenómeno del populismo) está constituida por la dialéctica entre la lógica de la significación y la de los afectos.

III. Lengua y tin-tin

En la Argentina de fines los sesentas y de los años setentas las rajaduras de los discursos sociales aparecen por todos lados, y son difíciles de ignorar, ya que las palabras son insuficientes para representar la violencia creciente de la sociedad. Como hemos mencionado anteriormente, el escritor Rodolfo Walsh representa un paradigma de la insuficiencia de las palabras y del giro hacia la acción que se da especialmente luego de la "militarización" del campo cultural.[84] Se trata, entonces, del despropósito de representar la realidad de su imposibilidad y de la capacidad de la literatura de poner en evidencia esta imposibilidad: "Hablando de cualquier cosa decimos la realidad, porque cuando hablamos *sobre* la realidad, decimos otra cosa" (*Literal,* ctdo. en Libertella 23). En el mismo sentido, el segundo número de la revista *Literal* afirma lo siguiente:

> La negativa de aceptar como preceptiva literaria a la que postulan quienes han convertido en destino su propio fracaso en lograr *equivalencias*, se funda en la convicción de que el delirio realista de duplicar el mundo mantiene una estrecha relación con el deseo de someterse a un orden claro y transparente donde quedaría suprimida la ambigüedad del lenguaje; su sobreabundancia, mejor dicho. (15)

La apuesta es, entonces, a las posibilidades de la ambigüedad de la escritura; y, específicamente, al rechazo a aceptar un orden basado en el supuesto de que el lenguaje equivale con la "realidad", o como se afirma en *Literal* sobre Flaubert, "el método de reproducir, vaciados, los discursos sociales pretendidamente sin rajaduras" (19).

La "estética del asco" de Lamborghini establece una distancia con la función de representación del lenguaje que produce un efecto similar (como mencionamos anteriormente) a lo que Ngai señala como "stuplimity", este afecto mezcla de lo sublime con la estupidez. La estrategia anti-realista, íntimamente ligada a la lengua como onomatopeya o tintin, produce una serie de "minor exhaustions and fatigues" (Ngai 292) que se

---

[84] Véase el estudio de Juan Carlos Quintero Herencia: *Fulguración del espacio. Lecturas e imaginario institucional de la Revolución Cubana (1960-1971)*. Rosario: Beatriz Viterbo, 2002.

contraponen, por ejemplo, al sentido trascendente de la escritura política comprometida, o a lo que Hugo Vezzetti identifica como los afectos en torno a la idea de revolución. Vezzetti señala:

> En el término *revolución* y en las luchas que inspiraba el movimiento social coexistían distintas luchas en el mismo suelo y en la misma base humana. [...] las acciones terminaban capturadas (o sepultadas) por el fantasma de otro combate mítico, lanzado al absoluto del Acontecimiento único e irrepetible: tocarlo, anticiparlo en una acción desbordada hacia objetivos ilimitados era el suelo de la violencia redencional y fundaba la exaltación subjetiva de una experiencia de lo *sublime*, que traspasa los límites corrientes. (168; énfasis original)

Esta experiencia que une la muerte a lo sublime está parodiada en la escritura de Lamborghini, anulada por el efecto *slapstick comedy* y por el residuo de estupidez que representa. Es posible identificar lo que Ngai caracteriza como "the negative experience of stupefaction", como el "tintin de toda lengua". Las palabras no construyen una narrativa que mantiene las convenciones temporales, el orden o la producción lógica de sentido:

> "¿Dificultades expresivas?" (Babea).
> Usted usted y yo o yo. Quiero decir, o eso al menos digo: pee. peer, pen, pensere, preiserne, per, pbenser, pbai, senere, persenerai, pbn." (Lamborghini, *Sebregondi retrocede* 35)

Me interesa especialmente, siguiendo Ngai, lo que constituye "la parálisis temporal" que se produce al tratar de establecer una conexión, una secuencia causa-efecto que construya continuidad de sentido frente a "a thick or 'simultaneous' layering of elements in place of linear sequences" (257).

> En la cocina estoy solo. Revuelvo el nescafé. El tambor de la memoria gira. El revólver, explícitamente revolver, un fuego para calentar cierto regreso. Lo que se revuelve posee ciertas características. Lo revuelto, el humo de las cocinas: un viaje en lejanía-distancia. La embarcación, ese humo. Navegación. Pero esa sopa se descocina al llegar a los labios de criatura. Se deshace en el aire, en el humo del viaje hacia la boca (labios…) (dientes…) (paladar…) (lengua). La sopa vuelve: regresa-revolver. Criatura no está, de todos modos, en los rasgos de lo revuelto. Criatura implica encierro en la cocina donde el humo cierra las salidas. Criatura, llanto, humo. Lágrimas como perlas-húmedas. Lágrimas como per. Perlas a secas. Húmedas. Implicaba el orden numérico 1, 2, 3. Pero se deslizó un *des*orden fugaz. (Lamborghini, *Sebregondi retrocede* 48-49)

En este pasaje el recuerdo re-vuelve, vuelve a volver, regresa, en el acto de revolver el nescafé. La repetición, la asociación de imágenes: humo, navegación, sopa, lágrimas: la descomposición de las imágenes y de las palabras se traduce en un "*des*orden fugaz" que desarregla el sentido de la narración, su "orden numérico". Hay, entonces, una "serie" en el sentido de colección, de "sucesión de cantidades", porque la narración no sucede, se niega a ceder:

> Toda la lengua. La pieza del hotel se cerró sobre él: solo se vuelve un actor. Encender el cigarrillo, preparar el agua para el mate, aflojarse la corbata frente al espejo. Gestos. Convocan una platea plateada por la plática. Una la. Platea de labios murmurantes que no le hablan a nadie, por lo tanto a él. Por lo tanto. Esos retazos descosidos de palabras. (Lamborghini, *Sebregondi retrocede* 54)

Estas acciones cotidianas que implican la narración de una historia son gestos vacíos, un simulacro de comienzo de narración que se deshace en retazos de palabras que no conducen a la representación de una totalidad, sino que promueven la apatía, una distancia afectiva que se alinea con la negación de la historia como fuente trascendente de verdades o como modelo narrativo formal. Según Ngai, refieren a una experiencia estética en la cual el asombro se conjuga con el aburrimiento, convocando un sentimiento de irritación y fatiga. *Stuplimity*, señala la crítica, "[...] is a tension that holds opposing affects together. [...] reveals the limits of our ability to comprehend a vastly extended form as a totality" (271). Este concepto nos lleva a considerar las palabras como sentido fragmentado, menos como vehículo de algo trascendente que como unidades posibles de aglutinación, repetición, parodia. *Stuplimity* es anti-aurático, se opone a cualquier pretensión de trascendencia espiritual (278). Esta estrategia denota un esfuerzo de reconfigurar la relación del lector con la diferencia a través de la repetición y del juego con la gramática ya que induce a una experiencia negativa de estupefacción (253):

> Es la prosodia desheredada de quien no se avergüenza de la metafísica, por la metafísica, ya que tampoco abandona la ilusión remachada, o calcada, o momificada en el clanco soporte del lenguaje; el silencio, de todos modos, llenado sería por el cuerpo o por cualquier (otro) piripí: o en demasía, por advenedizos en el límite del guligulis-pics-pics; en el extremo, como se dice ahora, un tiempo para, un espacio –presente– donde cada punto se amojona

dispuesto (peripatético casi) a emitir el toral de su energía para instituirse como unánima moción de frontera. (Lamborghini, "Las frases del ayer tramposo" 198-199)

Sin embargo, esta experiencia tiene, desde mi punto de vista, una conexión menos negativa que "productiva": en la crisis de la narración que se deshace, la experiencia de hastío recrea la saturación y el vaciamiento de sentido de la retórica política. El tedio que produce la repetición de sonidos esquiva la narración como totalidad verosímil:

> La portera pretendió prohibirme la entrada a mi propia casa, cosas que a mí me pasan. Luchamos junto al ascensor. No quería dejarme entrar a mi propia casa. Echado de mi casa, expulsado hasta la desolada esquina opuesta pensé, llegué a pensarlo: si me hecha no vuelvo nunca más a esta casa. Padre cerdo que estás en la mierda, tu lugar si allí te veo almibarado en grumos, yo por mí hubiera matado a los otros, no a mí mismo, quieto basta. Pero me retraje. Introvertido. Papá mimame los ojos. No se puede responder   o se puede responder   se puede responder   e puede responder   puede responder   uede responder   ede responder   de responder   e responder   responder   esponder   sponder   ponder   onder   nder   der   er   r (Lamborghini, *Sebregondi retrocede* 67- 68)

En el contexto político mencionado, en el cual las palabras ya no alcanzan para representar la violencia de los hechos, la escritura de Lamborghini encarna la insuficiencia del lenguaje de hacerse cargo de un mensaje político: "Tanto dolor, ay, en la obviedad de la palabra obvia"(42), se lee en *Sebregondi retrocede*, o como afirmara en una entrevista que publicó *Lecturas críticas* en 1980: "una ideología te propicia para pelotudeces, pero también para mitos heroicos". Estos mitos constituyen, inevitablemente, la dicotomía hegemónica literatura comprometida/ literatura apolítica, o como dice Lamborghini, "los albañiles que se caen de los andamios, toda esa sanata, la cosa llorona, bolche, quejosa, de lamentarse" ("El lugar del artista"). Sin embargo, como señala Nancy Fernández, este descreimiento de los modelos realistas no lo relega a un alejamiento de la política:

> Esto no significa, como en las vanguardias históricas de los años 20 y 30, que negaran programáticamente vínculos con la política y participación en ella. Porque si los hacedores de las revistas *Proa, Prisma* y *Martin Fierro* sustrajeron

de la práctica todo elemento o residuo político, enarbolando las consignas de un arte autónomo paradojalmente ligado a la vida cotidiana, la neovanguardia de los 70 prescribe una senda política (sus textos lo revelan) desde la perspectiva de una concepción lingüística escéptica de los modelos realistas, miméticos, populares, populistas, en definitiva, comunicacionales. ("Ficciones de lo nacional" 106)

Se trata, entonces, del desvío del "delirio realista de duplicar la realidad", de negarle coherencia, continuidad y cohesión a la narración a través de la acumulación de palabras y de la media lengua del tintin:

> Tuvo un ataque de histeria en medio de un pujo la Carla Greta Terón. Todos a una miramos hacia su lecho de parto porque ella yacente empezó a gritar: "Que se viene. Que ya está. Que se que se. Que ya estuvo. ¡Hip, Ra!, ¡Hip, Ra!, ¡Hip, Ra!". Explicaba en su media lengua que era inminente –y no inmierdente, como dice Sebas–, que ya paría. (*El fiord* 14)

La letra crea una distancia con su referente que lo vuelve absurdo; es decir, obstaculiza la función legitimadora de la ideología. En la lucha por el capital simbólico las escrituras (im)políticas dan un paso al costado esquivando el gesto que Kurlat Ares señala como "el intento de recomposición del campo cultural desde lo político" (44), porque precisamente rehúsan seguir la lógica de lo que Esposito señala como "la fuerza de la representación" (206) que justificaría el orden existente (aunque sea oponiéndose a él). Lamborghini efectúa una operación análoga (y anterior) a lo que Alberto Giordano afirma de la revista *Literal*, es decir, "se propone ocupar el lugar del insoportable" (61). El crítico sugiere que la revista intenta producir un efecto de decepción que resiste a toda *doxa* provocando otra manera de reconocimiento de las fuerzas políticas antagónicas de la cultura argentina y afirma:

> Los Otros de *Literal* son las ilusiones populistas y realistas, entendidas ambas como "políticas de la felicidad", es decir, como políticas que instituyen como valor superior la verdad de lo real [...] (63)

Las palabras descosidas parodian un tartamudeo, "dificultades expresivas" que suspenden la continuidad de la narración y producen, como lo señala Giordano, extrañeza fundamental, desconcierto, tedio. La oposición a la representación realista sería también un desvío de "las fuerzas políticas antagónicas" hegemónicas y, además, de las "políticas de la felicidad" que propone el realismo populista. Al tiempo político del realismo que hace posible, a la vez, la retórica populista y el discurso de la dictadura, se contrapone la escritura (im)política que obstaculiza lo que Laclau llama cadena de equivalencias de los significantes vacíos de la política, es decir, aquel proceso de significación que construye un discurso hegemónico-bélico proponiendo una organización social, política, económica, etc., siempre organizado en torno a la dicotomía nosotros/ellos. Este desvío de la historia interrumpe la ilusión de continuidad que ésta crea, como lo nota Andrea Giunta, después de 1968:

> [...] the debate concerning the relation between intellectuals and politics filtered into the debate on art and politics so irrevocably and one-sidedly, normalizing a perceived disjuncture between arts and politics. (Giunta 3)

La escritura de Lamborghini se hace insoportable en su violencia exagerada, en su tartamudeo, y en su manera de transgredir los códigos realistas de representación; sin embargo, a diferencia de una vanguardia histórica que proclama "the future is our goal" (48), lo que constituye lo (im)político de Lamborghini no es su manera de romper con las formas tradicionales de representación realista o con la concepción del arte como institución burguesa, sino su capacidad de negarle valor a lo político como dicotomía bélica y como verdad moral trascendente. Entonces no se trata de hablar de política:

> "Yo no hablaría así de política, plantearía la cosa en otros términos".
>
> Yo ahora no sé hablar de política, hum no sé, pero puedo contar bastante bien una enfermedad: aquí los cólicos tienen mucho que ver.
>
> "¿Qué le hace pensar que está *des-garrado*? O tal vez: ¿por qué siente la necesidad de estar *des-garrado*? Porque usted *ne-cesita* sentirse mal".
>
> Hum, no sé. La historia. Beh. Me hace sentir atrapado en la trampa o peor, demasiado lejos, des.
>
> (Lamborghini, *Sebregondi retrocede* 33)

La trampa de la historia es posible con la complicidad del lenguaje (y en este pasaje el diálogo psicoanalítico funciona también como deconstrucción del relato), que crea una narrativa que hace verosímil, por un lado, la lógica de lo político; y por otro, una "comunidad imaginada" como referente del texto. En este modelo, la literatura puede ser entonces el *locus* de una narrativa que promueve una ilusión de completud, de verosimilitud, y de consenso. Esto es precisamente lo que niega Lamborghini en "El niño proletario": la percepción automatizada del lenguaje que tiene una relación "real" con su referente,

> El sufrimiento realista se hace condición de la palabra que denuncia (a quién, frente a qué juez, según qué ley?) la injusticia que paradójicamente reproduce en la represión que instaura sobre el lenguaje mismo, convirtiendo en mala a cualquier palabra que se sostenga por su peso. El realismo es injusto porque el lenguaje, como la realidad social, no es natural. Para cuestionar la realidad *en un texto* hay que empezar por eliminar la pre-potencia del referente, condición indispensable para que la potencia de la palabra se despliegue. ("No matar la palabra no dejarse matar por ella" 6-7, *Literal* 1)

De la misma manera:

> "*Cuando palabra se niega a la función instrumental es porque se ha caído de la cadena de montaje de las ideologías reinantes, proponiéndose en ese lugar donde la sociedad no tiene nada que decir*" (13; énfasis en el original).

La representación del estereotipo de clase, la literatura llorona del populismo realista se configura, en definitiva, en la operación de ubicar la dicotomía nosotros-ellos en el mismo plano que la moral; es decir, la literatura está obligada a cumplir un deber de denuncia o un deber pedagógico. En palabras de Miguel Dalmaroni:

> "[...] 'populismo' como maniqueísmo moral (a veces emparentado con ideologías humanistas, religiosas, etc.) en la distribución de roles estereotipados según la distinción clasista anterior: los burgueses son irredimible y completamente malos; los proletarios, naturalmente buenos" (18).[85]

¿Podríamos, entonces, leer esta insistencia del lenguaje en no representar "la realidad", la prepotente y programática indiferencia al referente, como "situaciones de pasividad", como un entendimiento pesimista de la propia relación del lenguaje con la acción política? (Ngai

---

[85] Para una discusión del populismo en la literatura argentina, véase *La palabra justa: literatura, crítica y memoria en la Argentina 1906-2002*. Buenos Aires: Melusina Editorial, 2004.

3).[86] Y si así fuera, ¿quedaría la especificidad de la literatura (im)política reducida a su función meramente negativa? Propongo que no, ya que esta hipótesis lleva a considerar una relación entre literatura y política *solamente* dicotómica, y por lo tanto, dentro del terreno de lo político como escenario bélico. Esta relación conserva inevitablemente la jerarquía que opone la política como *locus* de dominación contra la literatura como *locus* de resistencia. Desde esta perspectiva, entonces, la literatura queda limitada a cumplir una función de comentario, en la que o refuerza o resiste el sistema. Sin embargo, como lo señala Jacques Rancière:

> The collapse of the representational paradigm means not only the collapse of the hierarchical system of address; it means the collapse of the whole regime of meaning. (*Dissensus* 159)

La escritura de nuestro *corpus* va más allá de cumplir la función de "side-politics of meta-politics" que en la novela realista, señala Rancière, representa las cosas (y no los discursos), que hablan por sí mismas. Podríamos decir que para Lamborghini son las palabras –y no las cosas– las que hablan por sí mismas. Lo que el pensador francés llama "políticas de la literatura" vuelve el mundo inteligible a través de una nueva manera de redistribuir lo perceptible, y es desde esa concepción de la literatura como modo de intervención que pone de relieve diferentes aspectos del mundo (los sujetos, los objetos y las prácticas), que los nombra y los hace accesibles a la interpretación o al entendimiento. En esta línea de análisis, me interesa leer la escritura de Lamborghini, como una manera particular de relacionar lo visible y decible.

Las palabras descosidas de Lamborghini apuntan a cortar la narración en unidades cada vez más pequeñas, provocan hastío y desconcierto en un simulacro paródico del funcionamiento de los significantes vacíos de la retórica política. La narración que se vuelve una serie de palabras, y las palabras una serie de sonidos, que producen una experiencia similar a

---

[86] Señala Ngai: "These situations of passivity, as uniquely disclosed and interpreted by ignoble feelings [...] can also be thought of as allegories for an autonomous or bourgeois art's increasingly resigned and pessimistic understanding of its *own* relationship to political action" (3). Me interesa esta relación de literatura y acción política en la escritura de Lamborghini.

lo que lo que Elizabeth Goodstein llama "experience without qualities", "crisis of meaning", "an encounter with the limits of language" (1). Así, inducen al tedio existencial que para Heidegger suspende el progreso y la continuidad histórica y, "nos deja en el limbo", "nos deja vacíos".[87]

En el estudio de Goodstein el hastío representa una estrategia discursiva para elaborar el descontento que produce la experiencia de la modernidad.

> As a discursively articulated phenomenon, then, boredom is at once objective and subjective, emotion and intellectualization–not just a response to the modern world but also a historically constituted strategy for coping with its discontents. (3)

Heidegger, en cambio, afirma que la fenomenología del aburrimiento despierta preguntas metafísicas, es decir, le preocupa menos su relación con la historia que sus posibilidades para la reflexión filosófica. ¿Cómo interpretar entonces la estrategia de las palabras descosidas de Lamborghini, que producen un hastío similar a (según Ngai) el efecto de *stuplimity*, o de "agencia suspendida" (Bartlebyan politics), en el que se niega la "prepotencia del referente", y la legitimación de la literatura por la ideología? Quiero señalar que esta "estrategia discursiva" (repetición, fragmentación, incoherencia, discontinuidad, saturación) está ligada, por un lado, a una manera de poner entre paréntesis la narrativa de lo político; y por otro, de suspender el relato utópico de "las políticas de la felicidad", o sea, de la equivalencia entre escritura y realidad. Es evidente que no constituye una estrategia apolítica, sino por el contrario, que llama la atención a la política pero desde sus límites, desde el sinsentido del lenguaje, que tiene la capacidad contradictoria de funcionar al mismo tiempo para legitimar y desarticular el sentido:

> Las inscripciones luminosas arrojaban esporádica luz sobre nuestros rostros. "No Seremos Nunca Carne Bolchevique Dios Patria Hogar". "Dos, tres Vietnam". "Perón Es Revolución". "Solidaridad Activa Con Las Guerrillas". "Por un

---

[87] Para un análisis de aburrimiento y política en las novelas argentinas actuales véase mi artículo "La experiencia del vacío: tedio y política en novelas argentinas del 2000" publicado por la *Revista Iberoamericana*.

> Ampliofrente Propaz." Alcira Fafó fumaba el clásico cigarrillo de sobremesa y disfrutaba. Hacía coincidir sus bocanadas de humo con los huecos de las letras, que eran de mil colores. (Lamborghini, *El fiord* 25)

En este pasaje se condensa lo absurdo de la retórica hegemónica con la imposibilidad de la escritura de apropiarse de ese lenguaje de manera realista. La alternativa que ofrece *El fiord* es la desfamiliarización de esta retórica y la reorganización de lo perceptible *en el terreno de la literatura*.

Como afirma el escritor Damián Tabarovsky:

> Literatura política no es que aparezca Videla en una novela; son los efectos de la sintaxis. La literatura política es inventar una sintaxis que discuta con las doxas establecidas. (Ctdo en Friera)

En Lamborghini la sintaxis no sólo discute con las doxas sino que le da una vuelta de tuerca al mandato hegemónico de los setentas en el cual la escritura debe estar determinada por la política y por lo político: es (im)política porque muestra la artificialidad y los límites de la política, escapa a la dicotomía bélica de lo político como amigo/enemigo, suspende la continuidad de la narración en palabras descosidas que provocan una experiencia de hastío y de esta manera evade la supremacía prepotente del referente. La escritura de Lamborghini no quiere triunfar sobre la realidad. Es lo contrario de la definición del deber ser del arte que da Juan Carlos Portantiero en 1961:

> El triunfo del arte está dado en la medida que su producto no contradiga la esencia de lo real y, en cambio, ilumine honduras todavía confusas del hombre pero que las ilumine como acto emocional, como presencia totalizadora y unitaria, en la que nuevos contenidos: afectivos, biológicos, ideológicos y prácticos sean descubiertos y comunicados hasta transformarse en 'verdad para todos'. (69)

Frente a esta idea del arte, Lamborghini hace sonar el tintin, los retazos descocidos de palabras que parecen decirnos todo el tiempo: "Hum, no sé. La historia. Beh".

Bibliografía

Agamben, Giorgio. *Medios sin fin: Notas sobre la política*. Antonio Gimeno Cuspinera, trad. Valencia: Pre-Textos, 2001.
_____ *Remnants of Auschwitz: the Witness and the Archive*. New York: Zone Books, 2002.
Althusser, Louis. *On Ideology*. New York: Verso, 2008.
Aira, César. "Nota del compilador". Osvaldo Lamborghini. *Novelas y cuentos I*. Buenos Aires: Editorial Sudamericana, 2003.
_____ "Prologo". Osvaldo Lamborghini. *Novelas y cuentos*. Barcelona: Serbal, 1988.
Amar Sánchez, Ana María. *Instrucciones para la derrota. Narrativas éticas y políticas de perdedores*. Barcelona: Anthropos, 2010.
Anderson, Benedict. *Imagined Communities: Reflections on the Origin and Spread of Nationalism*. New York: Verso, 1991.
Anderson, Thomas F. *Everything in its Place. The Life and Works of Virgilio Piñera*. New Jersey: Lewisburg Bucknell University Press, 2006.
Anker, Elisabeth. "Left Melodrama." *Contemporary Political Theory* 11-2 (2012): 130-152.
Anzorena, Oscar. *Tiempo de violencia y utopía. Del golpe de Ongonía (1966) al golpe de Videla (1976)*. Buenos Aires: Colihue, 1998.
Arendt, Hannah, y Karl Jaspers. *Correspondence 1923-1969. Hannah Arendt and Karl Jaspers*. Lotte Kohler y Hans Saner, eds. Nueva York: Harcourt Brace & Company, 1992.
_____ *The Life of the Mind*. New York: Harcourt Brace Jovanovich, 1978.
Arsić, Branka. *Passive Constitutions or 7 ½ Times Bartleby*. Stanford: Stanford UP, 2007.
Astutti, Adriana. *Andares clancos: Fábulas del menor en Osvaldo Lamborghini, J.C.Onetti, Rubén Darío, J.L. Borges, Silvina Ocampo y Manuel Puig*. Rosario: Beatriz Viterbo, 2001.
Avilés, Luis F. "¿Qué significa pensar? Hannah Arendt y *La vida del espíritu*". *Filos* 1 (2004):11-24.

Badiou, Alain. *Ethics. An Essay on the Understanding of Evil.* New York: Verso, 2001.

_____ *Reflexiones sobre nuestro tiempo.* Buenos Aires: Ediciones del Cifrado, 2006.

Balderston, Daniel. "Civilización y Barbarie: un topos reelaborado por J. R. Wilcock". *Discurso Literario: Revista de Temas Hispánicos* 4-1 (1989): 57-61.

_____ "La literatura antiperonista de J. R Wilcock". *Revista Iberoamericana* LII/135-136 (1986): 573-581.

_____ *Sexualidad y nación.* Pittsburgh: Instituto Internacional de Literatura Iberoamericana, 2000.

Beasley-Murray, Jon. *Posthegemony: Political Theory and Latin America.* Minneapolis: U of Minnesota P, 2010.

Benjamin, Walter. *The Arcades Project.* Howard Eiland and Kevin McLaughlin, trads. Cambridge: Belknap Press of Harvard UP, 2003.

Bloch, Ernst. *The Utopian Function of Art and Literature. Selected Essays.* Jack Zipes and Frank Mecklenburg, trads. Cambridge: Massachusetts Institute of Technology P, 1996.

Borges, Jorge Luis. *Obras Completas.* Buenos Aires: Emecé Editores, 2005.

Buck-Morss, Susan. *Dreamworld and Catasthrophe: The Passing of Mass Utopia in East and West.* Cambridge: Massachusetts Institute of Technology P, 2000.

Bosteels, Bruno. "Politics, Infrapolitics and the Impolitical: Notes on the Thought of Roberto Esposito and Alberto Moreiras." *The Centennial Review* 10-2 (2010): 205-238.

Boym, Svetlana. *The Future of Nostalgia.* New York: Basic Books, 2001.

Buelens, Gert y Dominiek Hoens. "'Above and Beneath Classification': *Bartleby, Life and Times of Michael K,* and SyntagmaticParticipation". *Diacritics* 37-2/3, Taking Exception to the Exception (2007): 157-170.

Castro, Fidel. "Discurso pronunciado por el comandante Fidel Castro Ruz, a su llegada a la Habana, en Ciudad Libertad, el 8 de enero de 1959". (Versión taquigráfica de las oficinas del Primer Ministro). <http://www.cuba.cu/gobierno/discursos/1959/esp/f080159e.html>. 12 julio 2014.

_____ "Palabras a los intelectuales". Discurso pronunciado por el Comandante Fidel Castro Ruz, Primer Ministro del Gobierno Revolucionario y Secretario del PURSC, como conclusión de las reuniones con los intelectuales cubanos, efectuadas en la Biblioteca Nacional el 16, 23 y 30 de junio de 1961. (Departamento de versiones taquigráficas del gobierno revolucionario). <http://www.cuba.cu/gobierno/discursos/1961/esp/f300661e.html>. 12 julio 2014.

Chejfec, Sergio. "Fábula política y renovación estética". *El punto Vacilante. Literatura, ideas y mundo privado.* Buenos Aires: Norma Editorial, 2005.

Critchley, Simon y Oliver Marchart, eds. *Laclau: Aproximaciones críticas a su obra.* Teresa Arijón, trad. Buenos Aires: Fondo de Cultura Económica, 2008.

Dabove, Juan Pablo y Natalia Brizuela, comp. *Y todo el resto es literatura. Ensayos sobre Osvaldo Lamborghini.* Buenos Aires: Interzona, 2008.

Dalmaroni, Miguel. *La palabra justa: literatura, crítica y memoria en la Argentina, 1960-2002.* Buenos Aires: Melusina, 2004.

Dalton, Roque, et. al. *El intelectual y la sociedad.* México: Siglo XXI, 1969.

Demaría, Laura. "Borges y Bioy Casares, 1955 y la *Poesía gauchesca* como paradójica rebeldía". *Latin American Literary Review* 22-44 (1994): 20-30.

Derrida, Jacques. *The Beast and the Sovereign.* Vol. II. Michel Lisse, Marie-Louise Mallet, y Ginette Michaud, eds. Chicago: U of Chicago P, 2011.

Drucaroff, Elsa. "Los hijos de Oswaldo Lamborghini". *Atípicos en la literatura latinoamericana.* Noé Jitrik, comp. Buenos Aires: Universidad de Buenos Aires, 1996.

Duchesne-Winter, Juan. *La guerrilla narrada: acción, acontecimiento, sujeto.* San Juan, P.R.: Ediciones Callejón, 2010.

Espinosa Domínguez, Carlos. *Virgilio Piñera en persona.* Habana: Ediciones Unión, 2003.

Esposito, Roberto. *Categorías de lo impolítico.* Roberto Raschella, trad. Buenos Aires: Katz, 2006.

_____ *Communitas. Origen y destino de la comunidad.* Introducción de Jean-Luc Nancy. Buenos Aires: Amorrortu, 2003.

_____ *Immunitas: Protección y negación de vida*. Luciano Padilla Gómez, trad. Buenos Aires: Amorrortu, 2005.

_____ *Confines de lo político: Nueve pensamientos sobre política*. Pedro Luis Ladrón de Guevara, trad. Madrid: Editorial Trotta, 1996.

Fernández, Macedonio. "Cirugía psíquica de extirpación". *Obras completas*. Buenos Aires: Corregidor, 1974.

Fernández, Nancy. "Ficciones de lo nacional: Echeverría, Bustos Domecq, Ascasubi; el grupo Literal, Zelarayán y los hermanos Lamborghini". *Cuadernos de Literatura* 16-32 (2012): 97-111.

_____ "Los hermanos Lamborghini en su tradición". *El Interpretador*. 37-8 <http://elinterpretador.com.ar/37/3_de%20intrigas/NJ_Fernandez%20Estraface/NJ_Fernandez%20Estraface.html> 13 julio 2014.

Flatley, Jonathan. *Affective Mapping: Melancholia and the Politics of Modernism*. Cambridge: Harvard UP, 2008.

Freud, Sigmund. *Totem and Taboo. Resemblances between the Psychic Lives of Savages and Neurotics*. New York: Vintage Books, 1946.

_____ *El malestar en la cultura*. (1930) Madrid: Alianza Editorial, 1992.

Foucault, Michel. *Fearless Speech*. Joseph Pearson, ed. Los Angeles: Semiotext(e), 2001.

Galfione, Verónica y Marcos Santucho, comp. *Política y soledad*. Córdoba: Brujas, 2008.

Guevara, Ernesto. "El socialismo y el hombre en Cuba". *El socialismo y el hombre nuevo*. José Arico, ed. México: Siglo XXI, 1977.

Gilman, Claudia. *Entre la pluma y el fusil. Debates y dilemas del escritor revolucionario en América Latina*. Buenos Aires: Siglo XXI, 2003.

Giordano, Alberto. *Las razones de la crítica: sobre literatura, ética y política*. Buenos Aires: Colihue, 1999.

Giorgi, Gabriel. "El crimen, el experimento y la literatura". *Y todo el resto es literatura. Ensayos sobre Osvaldo Lamborghini*. Juan Pablo Dabove y Natalia Brizuela, comp. Buenos Aires: Interzona, 2008.

Giunta, Andrea. *Avant-Garde, Internationalism, And Politics: Argentine Art in the Sixties*. Peter Kahn, trad. Durham: Duke University Press, 2007.

González, Horacio. "La frase hecha. Literatura e historia a propósito de 'El fiord'". *Narrativa Argentina: Noveno encuentro de escritores "Dr.*

Roberto Noble". Liliana Lukin, coord. Buenos Aires: Fundación Roberto Noble/ Clarín, 1996.

Goodstein, Elizabeth. *Experience Without Qualities: Boredom and Modernity.* Stanford: Stanford UP, 2005.

Graff-Zivin, Erin. *Figurative Inquisitions: Conversion, Torture, and Truth in the Luso-Hispanic Atlantic.* Illinois: Northwestern UP, 2014.

Hallward, Peter. "Radical Politics and Political Will". *Radical Politics Today.* May 2009. <http://eprints.kingston.ac.uk/15768/1/HAllward-P-15768.pdf> 13 julio 20014

Heidegger, Martin. *The Fundamental Concepts of Metaphysics:. World, Finitude, Solitude.* William McNeill and Nicholas Walker, trads. Bloomington: Indiana UP, 1995.

Herrera, Ricardo H. "Juan Rodolfo Wilcock y el problema de la restauración neoclásica". *La ilusión de las formas: escritos sobre Banchs, Molinari, Mastronardi, Wilcock y Madariaga.* Buenos Aires: El imaginero, 1988.

Horne, Luz. *Literaturas reales. Transformaciones del realismo en la narrativa latinoamericana contemporánea.* Rosario: Beatriz Viterbo, 2011.

Hobsbawn, Eric J. *The Age of Extremes. The Short Twentieth Century, 1914-91.* New York: Penguin, 1994.

Iglesia, Cristina. "Muerte o crímenes: un dilema estético". *Narrativa Argentina: Noveno encuentro de escritores "Dr. Roberto Noble".* Liliana Lukin, coord. Buenos Aires: Fundación Roberto Noble/ Clarín, 1996.

Jameson, Frederic. *Archaeologies of the Future. The Desire Called Utopia and Other Science Fictions.* New York: Verso, 2007.

Jiménez Leal, Orlando. "Conozca la historia del documental que Fidel Castro prohibió por décadas" (Entrevista). *El Diario de Caracas.* 14 diciembre 2012. <http://diariodecaracas.com/que-sucede/conozca-la-historia-del-documental-que-fidel-castro-prohibio-decadas> 13 julio 2014.

Kraniauskas, John. "Revolución-porno: El fiord y el estado Eva-Peronista". *Boletín 8 del Centro de Estudios de Teoría y Crítica Literaria* (2000): 44-55.

Kurlat Ares, Silvia. *Para una intelectualidad sin episteme: el devenir de la literatura argentina (1974-1989).* Buenos Aires: Corregidor, 1996.

Laclau, Ernesto. *Emancipación y diferencia*. Buenos Aires: Ariel, 1966.
_____ *La razón populista*. Buenos Aires: Fondo de Cultura Económica, 2005.
_____ *Misticismo, retórica y política*. Buenos Aires: Fondo de Cultura Económica, 2000.
_____ y Chantal Mouffe. *Hegemonía y estrategia socialista: Hacia una radicalización de la democracia*. Buenos Aires: Fondo de Cultura Económica, 2004.
Lamborghini, Osvaldo. *Novelas y Cuentos I y II*. César Aira, ed. Buenos Aires: Sudamericana, 2003.
_____ "El lugar del artista. (Entrevista a Osvaldo Lamborghini)". *Lecturas Críticas: Revista de Investigación y Teorías Literarias* 1 (1980): 48-51.
Lezra, Jacques. *Wild Materialism: The Ethic of Terror and the Modern Republic*. New York: Fordham UP, 2010.
Levi, Primo. *The Drowned and the Saved*. New York: Vintage International, 1989.
Libertella, Héctor, comp. *Literal 1973-1977*. Buenos Aires: Santiago Arcos Editor, 2002.
Ludmer, Josefina. *El género gauchesco. Un tratado sobre la patria*. Buenos Aires: Libros Perfil, 2000.
Luna, Noel. "Virgilio Piñera contra la poesía" *La Habana elegante*. <http://www.habanaelegante.com/Fall_Winter_2012/Dossier_Pinera_Luna.html> 13 julio 2014.
Ngai, Sianne. *Ugly Feelings*. Cambridge: Harvard UP, 2005.
Melville, Herman. *Bartleby, el escribiente*. Benito Cereno. Billy Bud. Julia Lavid, ed. Madrid: Cátedra, 2009.
_____ "Bartelby, the Scrivener." *The Norton Anthology of Short Fiction*. Richard Bausch y R. V. Cassill, ed. 70 edición. Nueva York: W.W. Norton & Company, 2006.
Molinero, Rita, ed. *Virgilio Piñera: la memoria del cuerpo*. San Juan: Plaza Mayor, 2002.
Mouffe, Chantal. *On the Political*. New York: Routledge, 2005.
Nancy, Jean-Luc. *La comunidad desobrada*. Pablo Perera, trad. Madrid: Arena Libros, 2001.

Osborne, Peter. "The Dreambird of Experience. Utopia, Possibility, Boredom." *Radical Philosophy* 137 (2006): 36-44.
Perlongher, Néstor. "Ondas en el Fiord. Barroco y corporalidad en Osvaldo Lamborghini". *Prosa plebeya: Ensayos 1980-1992*. Christian Ferrer y Osvaldo Baigorria, ed. Buenos Aires: Ediciones Colihue, 1997.
Peirce, Charles Sanders. *La ciencia de la semiótica*. Buenos Aires: Nueva Visión, 1974.
Perón, Juan Domingo. "Veinte verdades peronistas". <http://www.galeon.com/doctrinaperonista/album623155.html> 13 julio 2014
_____ "La comunidad organizada". <http://www.jdperon.gov.ar/institucional/cuadernos/Cuadernillo6.pdf> 13 julio 2014
Piglia, Ricardo. *Crítica y ficción*. Buenos Aires: Editorial Planeta, 2000.
_____ Compilador. *La Argentina en pedazos*. Buenos Aires: Ediciones de la Urraca, 1990.
Piñera, Virgilio. *Cuentos Completos*. Madrid: Alfaguara Ediciones, 1999.
_____ *La carne de René*. Barcelona: Tusquets, 2000.
_____ *La isla en peso: Obra poética*. Antón Arrufat, comp. Habana: Ediciones Unión, 1998.
_____ *Poesía y Crítica*. México, DF: Consejo Nacional para la Cultura y las Artes, 1994.
_____ *Presiones y Diamantes. Pequeñas Maniobras*. Habana: Unión, 2002.
_____ *Teatro Completo*. Habana: Ediciones R, 1960.
Portantiero, Juan Carlos. *Realismo y realidad en la narrativa argentina*. Buenos Aires: Eudeba, 2011.
Premat, Julio. "El escritor argentino y la transgresión: La orgía de los orígenes en El fiord de Osvaldo Lamborghini". *Boletín 8 del Centro de Estudios de Teoría y Crítica Literaria* (2000): 44-55.
Quintero Herencia, Juan Carlos. *Fulguración del espacio. Letras e imaginario institucional de la Revolución Cubana, 1960-1971*. Rosario: Beatriz Viterbo, 2002.
Rancière, Jacques. *Dissensus: On Politics and Aesthetics*. Steven Corcoran, trad. Nueva York: Continuum, 2010.
_____ *The Politics of Literature*. Julie Rose, trad. Cambridge: Polity, 2011.

_____ "Jacques Rancière and Indisciplinarity." Entrevista de Marie-Aude Baronian. Gregory Elliot, trad. *Art&Research. A Journal of Ideas, Contexts and Methods* 2-1 (Summer 2008). <http://www.artandresearch.org.uk/v2n1/pdfs/jrinterview.pdf> 13 julio 2014.

Rizzi, Analía Dilma. "Enemigo al acecho. La construcción del contradestinatario en el discurso de los presidentes militares (1930-1982). <http://historiapolitica.com/datos/biblioteca/rizzi.pdf> 13 julio 2014.

Rodríguez, Fermín A. "Escribir afuera: literatura y política en Walsh y Lamborghini (Para una lectura de *Tadeys*)". *Y todo el resto es literatura: Ensayos sobre Osvaldo Lamborghini*. Juan Pablo Dabove y Natalia Brizuela, comp. Buenos Aires: Interzona, 2008.

Ronell, Avital. *Stupidity*. Chicago: U of Illinois P, 2002.

Rosanvallon, Pierre. *Por una historia conceptual de lo político. Lección inagural en el Collége de France*. Marcos Mayer, trad. Buenos Aires: Fondo de Cultura Económica, 2003.

Sigal, Silvia y Eliseo Verón. *Perón o Muerte. Los fundamentos discursivos del fenómeno peronista*. Buenos Aires: Legasa, 1986.

Schmitt, Carl. *The Concept of the Political*. George Schwab, trad. Chicago: The U of Chicago P, 1996.

Strafacce, Ricardo. *Osvaldo Lamborghini. Una biografía*. Buenos Aires: Mansalva, 2008.

Tabarovsky, Damián. "Sospecho de las tramas y de los argumentos". Entrevista de Silvina Friera. *Página 12. Cultura y Espectáculos* (26 junio, 2012).

Terán, Oscar. *Nuestros Años sesentas. La formación de la nueva izquierda intelectual argentina, 1956-1966*. Buenos Aires: Siglo XXI, 2013.

Van den Abbeele, Georges. *Travel as Metaphor. From Montaigne to Rousseau*. Minneapolis: U of Minnesota P, 1992.

Valente, Alejandra. "Maneras de subrayar en el salón literario: Lamborghini, Borges". *Letrados e Iletrados: Apropiaciones y representaciones de lo popular en literatura*. Ana María Zubieta, comp. Buenos Aires: Eudeba, 1999.

Valerio-Holguín, Fernando. *Poética de la frialdad: La narrativa de Virgilio Piñera*. Lanham: UP of America, 1996.

Vezzetti, Hugo. *Sobre la violencia revolucionaria. Memorias y olvidos.* Buenos Aires: Siglo XXI, 2009.

Wegner, Phillip E. *Imaginary Communities. Utopia, the Nation and the Spatial Histories of Modernity.* Berkeley: U of California P, 2002.

Wilcock, Juan Rodolfo. *El caos.* 1974. Ernesto Montequin, ed. Buenos Aires: Sudamericana, 1999.

―――― *El estereoscopio de los solitarios.* 1972. Guillermo Piro, trad. Buenos Aires: Sudamericana, 1998.

―――― *Hechos inquietantes.* 1960. Guillermo Piro, trad. Buenos Aires: Sudamericana, 1998.

―――― *El libro de los monstruos.* 1978. Ernesto Montequín, trad. Buenos Aires: Sudamericana, 1999.

―――― *La sinagoga de los iconoclastas.* Joaquín Jordá, trad. Barcelona: Editorial Anagrama, 1999.

9781930744660